독학

따라쓰기만 해도 혼자서 일본어를 할 수 있다!

일본어 초급 1 따라쓰기

송상엽 지음

LanCom
Language & Communication

# 들어가며

1. 직접 문장을 쓰면서 일본어 초급 1단계를 마무리할 수 있습니다

일본어 공부는 쓰기로 완성된다는 말도 있는 것처럼 쓰기는 굉장히 중요합니다. 이 책에서는 각 UNIT의 패턴 문장마다 따라쓰기는 물론 직접 써볼 수 있는 공간을 마련했습니다. 눈으로 보고 귀로 듣는 것보다 손으로 직접 쓰는 것을 우리의 뇌가 훨씬 더 오래 기억한다는 것은 누구나 다 아는 사실입니다. 따라쓰기로 시작된 일본어는 어느새 수동적인 일본어 학습자를 능동적인 일본어 학습자로 바꾸어 자신의 생각을 자연스럽게 일본어로 표현하게 합니다.

2. 초급자가 알아야 할 기본적인 문법만 익힙니다

이 책은 일본어를 처음 배우거나, 배우다가 중도에 포기하신 학습자를 위한 신개념 왕초보 첫걸음 책입니다. 일본어 초급자가 반드시 알아야 할 기초문법에 근거하여 활용어(동사, 형용사, 형용동사 등)를 중심으로 차근차근 학습할 수 있도록 단계별로 구성하였습니다. 따라서 이 책은 일본어 문장을 이해하고 만드는 데 꼭 필요한 기본적인 어법 활용을 아주 쉬운 예문으로 정리해 두었습니다.

3. 간단한 문법 설명과 문장을 문형화하여 체계적으로 기억합니다

기본 문장에 들어가기 전에 문법 설명을 두어 먼저 일본어 문장을 이해하는 데 도움이 되도록 하였습니다. 또한 일본어 각 품사의 어미활용을 문형으로 공식화하여 긍정문과 부정문, 의문문 등 변형된 문장의 형식들을 쉽게 이해할 수 있도록 했습니다.

4. 대화문을 통해 기본 문장을 응용할 수 있습니다

각 유닛마다 주어진 문법 패턴을 활용하기 위한 기본 문장을 6개씩 두어 충분히 이해할 수 있도록 하였습니다. 기본 문장을 충분히 연습한 다음 맞쪽에 있는 생생하고 자연스런 대화문을 통해 일상생활에서도 바로 응용할 수 있도록 하였습니다. 보고 듣고 쓰고 말하기를 꾸준히 반복하다 보면 다양한 문장 유형들을 빠르게 익힐 수 있고, 읽기 능력과 말하기 능력도 함께 향상됩니다.

5. 일본인 발음을 통해 정확한 발음을 익힙니다

일본어 발음은 음절 수가 별로 많지 않기 때문에 비교적 다른 외국어에 비해 쉽다고 할 수 있습니다. 하지만 정확한 발음은 일본인의 녹음을 반복해서 듣는 것이 제일입니다. 이 책에서는 각 유닛마다 큐알코드를 두어 즉석에서 바로 동영상을 통한 일본인의 정확한 발음을 들을 수 있도록 하였습니다. 물론 본사(www.lancom.co.kr)에서 무료로 제공하는 녹음파일을 다운받아 충분히 활용할 수 있습니다.

일러두기

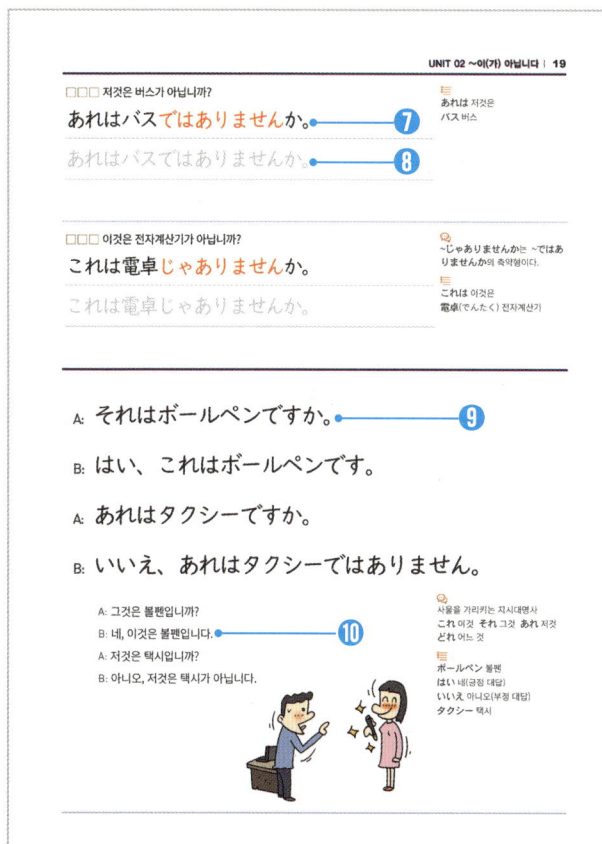

❶ 각 UNIT에서 배우게 될 내용을 제목으로 하였으며, 일본어 초급 1단계에서 익혀야 할 문법을 차근차근 단계별로 구성하였습니다.

❷ 각 UNIT에서 배우게 될 어법을 패턴 드릴에 들어가기 전에 친절하게 해설을 두어 초급자 누구나 쉽게 이해할 수 있습니다.

❸ 스마트폰 카메라로 QR코드를 체크하면 동영상으로 일본인의 음성이 나옵니다. 큰소리로 따라읽으면서 정확한 발음을 익히길 바랍니다.

❹ 각 패턴의 문장마다 필요한 어법 설명을 간략하게 두어 완벽하게 내용을 다시 확인할 수 있습니다.

❺ 문장에 나오는 단어를 뜻과 함께 정리하였으며, 한자의 경우 요미가나(읽기)를 모두 풀이하였습니다.

❻ 모든 패턴은 일본어보다 우리말 뜻을 먼저 두어 문장을 한눈에 파악할 수 있습니다.

❼ 일본어 문장은 각 UNIT에서 배우게 될 내용과 수준에 맞는 쉬운 문장으로 구성하였습니다. 색으로 표시된 부분은 제목으로 제시된 어법 예시입니다.

❽ 주어진 문장은 먼저 따라쓰기를 할 수 있습니다. 따라쓰기를 마친 다음 큰소리로 읽으면서 쓰기에 도전할 수 있도록 빈줄을 마련했습니다.

❾ 패턴 드릴을 통해 배운 어법을 실제 대화에서는 어떻게 응용되는지 자연스러운 대화문을 통해 다시 확인할 수 있습니다.

❿ 대화문의 우리말 해석을 바로 확인할 수 있도록 그 밑에 두었습니다. 옆에는 대화문에 나오는 어법과 단어를 두어 문장 이해를 돕도록 했습니다.

□□□ 일본어는 쓰기가 답이다!
1. 적혀 있는 그대로 읽으면서 따라쓰다.
2. 일본인의 정확한 발음을 들으면서 쓴다.
3. 문장을 최대한 머릿속에 떠올리면서 쓴다.

이 책의 내용

PART 01 단정과 존재의 표현

- 01 ~です ········· 16
- 02 ~ではありません ········· 18
- 03 ~の~ / ~のです ········· 20
- 04 ~でした ········· 22
- 05 ~ではありませんでした ········· 24
- 06 あります / います ········· 28
- 07 ありません / いません ········· 30
- 08 ありました / いました ········· 32
- 09 ありませんでした / いませんでした ········· 34
- 10 ~しかありません / いません ········· 36

PART 02 형용사와 형용동사

- 01 (형용사)~いです ········· 44
- 02 (형용사)~い + 명사 ········· 46
- 03 (형용사)~くありません ········· 48
- 04 (형용사)~くは[も]ありません ········· 50
- 05 (형용사)~くありませんでした ········· 52
- 06 (형용동사)~です ········· 56
- 07 (형용동사)~な + 명사 ········· 58
- 08 (형용동사)~ではありません ········· 60
- 09 (형용동사)~でした ········· 62
- 20 (형용동사)~ではありませんでした ········· 64

PART 03 동사의 종류와 활용

- 01 (5단동사)~き・ぎ・します ········· 72
- 02 (5단동사)~い・ち・ります ········· 74
- 03 (5단동사)~に・み・びます ········· 76
- 04 (1단동사)~ます ········· 78

05	(변격·예외동사)~ます	80
06	(5단동사)~き・ぎ・しません	84
07	(5단동사)~い・ち・りません	86
08	(5단동사)~に・み・びません	88
09	(1단동사)~ません	90
10	(변격·예외동사)~ません	92
11	(5단동사)~き・ぎ・しました	96
12	(5단동사)~い・ち・りました	98
13	(5단동사)~に・み・びました	100
14	(1단동사)~ました	102
15	(변격·예외동사)~ました	104
16	(5단동사)~き・ぎ・しませんでした	108
17	(5단동사)~い・ち・りませんでした	110
18	(5단동사)~に・み・びませんでした	112
19	(1단동사)~ませんでした	114
20	(변격·예외동사)~ませんでした	116

PART 04 접속표현과 과거형

01	(명사)~で、~です	124
02	(형용사)~くて、~いです	126
03	(형용동사)~で、~です	128
04	(형용사)~かった	130
05	(명사·형용동사)~だった	132
06	(동사)~やすい	136
07	(동사)~にくい	138
08	(동사)~に行く	140
09	(동사)~に来る	142
10	(동사)~ときは[まえに]	144

🔊 히라가나와 카타카나

일본어 문자 표기에는 히라가나, 카타카나, 한자, 이 세 가지를 병용해서 사용합니다. 히라가나는 인쇄나 필기 등의 모든 표기에 쓰이는 기본 문자이며, 카타카나는 주로 외래어를 표기할 때 사용합니다. *카타카나는 별색으로 표시하였습니다.

あ ア 아 a	い イ 이 i	う ウ 우 u	え エ 에 e	お オ 오 o
か カ 카 ka	き キ 키 ki	く ク 쿠 ku	け ケ 케 ke	こ コ 코 ko
さ サ 사 sa	し シ 시 si	す ス 스 su	せ セ 세 se	そ ソ 소 so
た タ 타 ta	ち チ 치 chi	つ ツ 츠 tsu	て テ 테 te	と ト 토 to
な ナ 나 na	に ニ 니 ni	ぬ ヌ 누 nu	ね ネ 네 ne	の ノ 노 no
は ハ 하 ha	ひ ヒ 히 hi	ふ フ 후 hu	へ ヘ 헤 he	ほ ホ 호 ho
ま マ 마 ma	み ミ 미 mi	む ム 무 mu	め メ 메 me	も モ 모 mo
や ヤ 야 ya		ゆ ユ 유 yu		よ ヨ 요 yo
ら ラ 라 ra	り リ 리 ri	る ル 루 ru	れ レ 레 re	ろ ロ 로 ro
わ ワ 와 wa				を ヲ 오 o
ん ン 응 n,m,ng				

🔊 탁음과 반탁음

か さ た は행의 글자 오른쪽 윗부분에 탁점(˚)을 붙인 음을 탁음이라고 하며, 반탁음은 は행의 오른쪽 윗부분에 반탁점(˚)을 붙인 것을 말합니다.

が ガ 가 ga	ぎ ギ 기 gi	ぐ グ 구 gu	げ ゲ 게 ge	ご ゴ 고 go
ざ ザ 자 za	じ ジ 지 zi	ず ズ 즈 zu	ぜ ゼ 제 ze	ぞ ゾ 조 zo
だ ダ 다 da	ぢ ヂ 지 zi	づ ヅ 즈 zu	で デ 데 de	ど ド 도 do
ば バ 바 ba	び ビ 비 bi	ぶ ブ 부 bu	べ ベ 베 be	ぼ ボ 보 bo
ぱ パ 파 pa	ぴ ピ 피 pi	ぷ プ 푸 pu	ぺ ペ 페 pe	ぽ ポ 포 po

🔊 발음

ん은 단어의 첫머리에 올 수 없으며 항상 다른 글자 뒤에 쓰여 우리말의 받침과 같은 구실을 합니다. ん 다음에 오는 글자의 영향에 따라 다음과 같은 소리가 납니다.

- **ㅇ** ん(ン) 다음에 か が행의 글자가 이어지면 「ㅇ」으로 발음한다.
  えんき [엥끼] 연기　　　　　ミンク [밍쿠] 밍크

- **ㄴ** ん(ン) 다음에 さ ざ た だ な ら행의 글자가 이어지면 「ㄴ」으로 발음한다.
  かんし [간시] 감시　　　　　はんたい [한따이] 반대
  ヒント [힌토] 힌트　　　　　パンダ [판다] 팬더

- **ㅁ** ん(ン) 다음에 ま ば ぱ행의 글자가 이어지면 「ㅁ」으로 발음한다.
  あんま [암마] 안마　　　　　テンポ [템포] 템포

- **ㅇ** ん(ン) 다음에 あ は や わ행의 글자가 이어지면 「ㄴ」과 「ㅇ」의 중간음으로 발음한다. 또한 단어 끝에 ん이 와도 마찬가지이다.
  れんあい [렝아이] 연애　　　　にほん [니홍] 일본

🔊 요음

요음이란 い단 글자 중 자음에 반모음의 작은 글자 ゃゅょ를 붙인 음으로 우리말의 ㅑㅠㅛ 같은 역할을 합니다.

きゃ キャ 캬 kya	きゅ キュ 큐 kyu	きょ キョ 쿄 kyo
しゃ シャ 샤 sha(sya)	しゅ シュ 슈 shu(syu)	しょ ショ 쇼 sho(syo)
ちゃ チャ 챠 cha(tya)	ちゅ チュ 츄 chu(tyu)	ちょ チョ 쵸 cho(tyo)
にゃ ニャ 냐 nya	にゅ ニュ 뉴 nyu	にょ ニョ 뇨 nyo
ひゃ ヒャ 햐 hya	ひゅ ヒュ 휴 hyu	ひょ ヒョ 효 hyo
みゃ ミャ 먀 mya	みゅ ミュ 뮤 myu	みょ ミョ 묘 myo
りゃ リャ 랴 rya	りゅ リュ 류 ryu	りょ リョ 료 ryo
ぎゃ ギャ 갸 gya	ぎゅ ギュ 규 gyu	ぎょ ギョ 교 gyo
じゃ ジャ 쟈 zya(ja)	じゅ ジュ 쥬 zyu(ju)	じょ ジョ 죠 zyo(jo)
びゃ ビャ 뱌 bya	びゅ ビュ 뷰 byu	びょ ビョ 뵤 byo
ぴゃ ピャ 퍄 pya	ぴゅ ピュ 퓨 pyu	ぴょ ピョ 표 pyo

🔊 촉음

촉음은 つ를 작을 글자 っ로 표기하며 뒤에 오는 글자의 영향에 따라 우리말 받침의 ㄱ ㅅ ㄷ ㅂ으로 발음합니다.

ㄱ 촉음인 っ(ッ) 다음에 か き く け こ가 이어지면 「ㄱ」으로 발음한다.
けっか [겍까] 결과   サッカー [삭카—] 사커, 축구

ㅅ 촉음인 っ(ッ) 다음에 さ し す せ そ가 이어지면 「ㅅ」으로 발음한다.
さっそく [삿소꾸] 속히, 재빨리   クッション [쿳숑] 쿠션

ㅂ 촉음인 っ(ッ) 다음에 ぱ ぴ ぷ ぺ ぽ가 이어지면 「ㅂ」으로 발음한다.
いっぱい [입빠이] 가득   ヨーロッパ [요—롭파] 유럽

ㄷ 촉음인 っ(ッ) 다음에 た ち つ て と가 이어지면 「ㄷ」으로 발음한다.
きって [긷떼] 우표   タッチ [탇치] 터치

*이 책에서는 ㄷ으로 발음하는 경우는 편의상 ㅅ으로 표기하였다.

🔊 장음

장음이란 같은 모음이 중복될 때 앞의 발음을 길게 발음하는 것을 말합니다. 카타카나에서는 장음부호를 ー로 표기합니다.

あ あ단에 모음 あ가 이어질 경우 뒤의 모음인 あ는 장음이 된다.
おかあさん [오까—상] 어머니   スカート [스카—토] 스커트

い い단에 모음 い가 이어질 경우 뒤의 모음인 い는 장음이 된다.
おじいさん [오지—상] 할아버지   タクシー [타쿠시—] 택시

う う단에 모음 う가 이어질 경우 뒤의 모음인 う는 장음이 된다.
くうき [쿠—끼] 공기   スーパー [스—파—] 슈퍼

え え단에 모음 え나 い가 이어질 경우 뒤의 모음인 え와 い는 장음이 된다.
おねえさん [오네—상] 누님, 누나   えいが [에—가] 영화

お お단에 모음 お나 う가 이어질 경우 뒤의 모음인 お와 う는 장음이 된다.
こおり [코—리] 얼음   とうふ [토—후] 두부

따라쓰기만 해도 혼자서 일본어를 할 수 있다!

독학, 일본어 초급 1 따라쓰기

PART 01

단정과 존재의 표현

긍정 표현

부정 표현

과거 표현

부정과거 표현

단정의 표현

1. ~は ~です

~です는 우리말의 '~입니다'에 해당하는 말로 명사 및 그에 준하는 말에 접속하여 정중하게 단정을 나타냅니다. 여기서 は는 우리말의 '~은(는)'에 해당하는 조사로 명사에 접속하여 주제에 대한 설명을 합니다. 본래의 발음은 ha(하)이지만 조사로 쓰일 때는 반드시 wa(와)로 발음합니다.

これは本です。 이것은 책입니다.

2. ~ですか

~です에 의문이나 질문을 나타내는 종조사 か를 접속한 ~ですか는 우리말의 '~입니까'의 뜻이 되며, 의문문에는 ?로 표기하지 않고 마침표인 '。'를 쓴다는 점이 우리 표기법과 차이가 있습니다.

これは本ですか。 이것은 책입니까?

3. ~では(じゃ) ありません

~ではありません은 정중한 단정을 나타내는 ~です의 부정형으로 우리말의 '~이(가) 아닙니다'의 뜻으로 단정을 정중하게 부정하는 표현입니다. 의문이나 질문을 나타내는 종조사 か를 접속하면 '~이(가) 아닙니까?'의 뜻이 됩니다. ~ではありません의 では는 회화체에 흔히 じゃ로 줄여서 ~じゃありません으로 말합니다.

これは本では(じゃ)ありません。 이것은 책이 아닙니다.

4. ~でした

~でした는 우리말의 '~이었습니다'로 해석되며, 정중한 단정을 나타내는 ~です에 과거·완료를 나타내는 た가 접속된 형태입니다.

それは本でした。 그것은 책이었습니다.

5. ~でした

~ではありませんでした는 '~이(가) 아니었습니다'의 뜻으로 ~ではありません에 ~です의 과거형인 ~でした가 접속된 형태입니다.

それは本では(じゃ)ありませんでした。 그것은 책이 아니었습니다.

NOTE

존재의 표현

1. あります / います

あります는 사물이나 식물 등, 동작성이 없는 것의 존재를 나타낼 때 쓰이는 말로 우리말의 '있습니다'에 해당합니다. 그러나 います는 존재를 나타내는 점에서는 동일하지만, 동작성이 있는 사람이나 동물 등 생물의 존재를 나타낼 때 쓰입니다. 이처럼 우리말에는 존재를 나타내는 말이 하나밖에 없지만, 일본어에는 두 가지 표현이 있습니다.

ここに本があります。 여기에 책이 있습니다.

ここにねこがいます。 여기에 고양이가 있습니다.

2. ありません / いません

ありません은 사물의 존재를 나타내는 あります의 부정형으로 우리말의 '없습니다'의 뜻입니다. 동작성이 있는 생물의 존재를 나타내는 います의 부정형은 いません(없습니다)입니다.

ここに本はありません。 여기에 책은 없습니다.

ここにねこはいません。 여기에 고양이는 없습니다.

3. ありました / いました

ありました는 무생물의 존재를 나타내는 あります의 과거형으로 우리말의 '있었습니다'이고, いました는 생물의 존재를 나타내는 います의 과거형으로 '있었습니다'의 뜻입니다. 즉, ます에 과거·완료를 나타내는 た가 접속된 형태입니다.

あそこに本がありました。 거기에 책이 있었습니다.

あそこにねこがいました。 거기에 고양이가 있었습니다.

4. ありませんでした / いませんでした

ありませんでした는 あります의 부정형인 ありません에 です의 과거형인 でした가 접속된 형태로 우리말의 '없었습니다'에 해당합니다. いませんでした는 います의 부정형인 いません에 でした가 접속된 형태로 우리말의 '없었습니다'에 해당합니다.

NOTE

UNIT 01 ~です

は는 우리말의 '~은(는)'에 해당하는 조사로 본래의 발음은 'ha(하)'이지만 조사로 쓰일 때는 'wa(와)'로 발음하므로 주의해야 합니다. 또한 ~です는 우리말의 '~입니다'에 해당하는 말로 명사나 명사에 준하는 말에 접속하여 정중한 단정을 나타냅니다. ~ですか는 의문이나 질문을 나타내는 종조사 か가 접속된 형태로 우리말의 '~입니까'에 해당합니다.

□□□ 이것은 책입니다.

これは本です。

これは本です。

> ~です는 문장 끝에 와서 우리말 '~입니다'의 뜻으로 정중하게 단정을 나타낸다.
>
> これ 이것
> は ~은(는)
> 本(ほん) 책
> ~です ~입니다

□□□ 저것은 연필입니다.

あれは鉛筆です。

あれは鉛筆です。

> 일본어 문장의 마침표는 마루(。)로 표기한다.
>
> あれ 저것
> 鉛筆(えんぴつ) 연필

□□□ 나는 학생입니다.

わたしは学生です。

わたしは学生です。

> は는 조사로 쓰일 때는 '하'가 아니라 '와'로 발음한다.
>
> わたし 나, 저
> 学生(がくせい) 학생

□□□ 이것은 무엇입니까?

これは何ですか。

これは何ですか。

> 의문이나 질문을 할 때는 종조사 か를 접속한다.
>
> これは 이것은
> 何(なん) 무엇
> ~ですか ~입니까

UNIT 01 ~입니다 | 17

□□□ 저것은 책상입니까?

あれはつくえですか。

あれはつくえですか。

💬 일본어 의문문은 우리처럼 물음표(?)를 표기하지 않는다.

あれは 저것은
つくえ 책상

□□□ 당신은 일본인입니까?

あなたは日本人ですか。

あなたは日本人ですか。

あなた 당신
日本人(にほんじん) 일본인

A: それは何(なん)ですか。

B: どれですか。

A: これです。

B: これは切手(きって)です。

A: 그것은 무엇입니까?
B: 어느 것입니까?
A: 이것입니다.
B: 이것은 우표입니다.

それは 그것은
何(なん) 무엇
どれ 어느 것
これ 이것
切手(きって) 우표

UNIT 02 ~ではありません

~ではありません은 정중한 단정을 나타내는 ~です(~입니다)의 부정형으로 우리말의 '~이(가) 아닙니다'에 해당합니다. 회화에서는 では를 じゃ로 줄여서 ~じゃありません으로 많이 쓰입니다. では의 は는 조사이므로 '데와'로 발음합니다. ~ではありませんか는 의문이나 질문을 나타내는 종조사 か가 접속된 형태로 우리말의 '~이 아닙니까'에 해당합니다.

□□□ 이것은 스마트폰이 아닙니다.

これはスマホではありません。

これはスマホではありません。

> スマートホン을 줄여서 보통 スマホ라고 한다.
>
> これは 이것은
> スマホ 스마트폰
> ~ではありません
>   ~이(가) 아닙니다

□□□ 그것은 노트북이 아닙니다.

それはノートブックではありません。

それはノートブックではありません。

> それは 그것은
> ~は ~은(는) *'와'로 발음한다
> ノートブック 노트북

□□□ 이것은 나이프가 아닙니다.

これはナイフじゃありません。

これはナイフじゃありません。

> ~じゃありません은 ~ではありません의 축약형으로 회화체에서 주로 쓰인다.
>
> これは 이것은
> ナイフ 나이프

□□□ 이것은 텔레비전이 아닙니까?

これはテレビではありませんか。

これはテレビではありませんか。

> ~ではありません에 か를 접속하면 의문이나 질문을 나타낸다.
>
> これは 이것은
> テレビ 텔레비전

UNIT 02 ~이(가) 아닙니다

□□□ 저것은 버스가 아닙니까?

あれはバスではありませんか。

あれはバスではありませんか。

あれは 저것은
バス 버스

□□□ 이것은 전자계산기가 아닙니까?

これは電卓じゃありませんか。

これは電卓じゃありませんか。

~じゃありませんかは ~ではありませんかの 축약형이다.

これは 이것은
電卓(でんたく) 전자계산기

A: それはボールペンですか。

B: はい、これはボールペンです。

A: あれはタクシーですか。

B: いいえ、あれはタクシーではありません。

A: 그것은 볼펜입니까?
B: 네, 이것은 볼펜입니다.
A: 저것은 택시입니까?
B: 아니오, 저것은 택시가 아닙니다.

사물을 가리키는 지시대명사
これ 이것 それ 그것 あれ 저것
どれ 어느 것

ボールペン 볼펜
はい 네(긍정 대답)
いいえ 아니오(부정 대답)
タクシー 택시

UNIT 03 ~の~ / ~のです

の는 우리말의 '~의'에 해당하는 조사입니다. '명사＋の＋명사'의 형태로 뒤의 명사가 어떤 것인지를 나타내는 역할을 합니다. 우리말의 경우는 명사와 명사 사이의 조사 '~의'가 '내(나의) 볼펜'처럼 생략되는 경우가 많으나 일본어에서는 보통 생략하지 않습니다. 또한 の는 명사에 접속하여 ~のもの(~의 것)의 뜻으로 소유를 나타내는 명사적인 용법으로도 쓰입니다.

□□□ 이것은 내 볼펜입니다.

これはわたしのボールペンです。

これはわたしのボールペンです。

> の는 명사와 명사를 연결하는 조사로 '~의' 뜻이다.
>
> **これは** 이것은
> **わたし** 나, 저
> **ボールペン** 볼펜

□□□ 당신 우산은 어느 것입니까?

あなたの傘はどれですか。

あなたの傘はどれですか。

> 우리말에서는 '~의'가 생략되는 경우가 많지만 일본어에서는 보통 명사와 명사 사이에 の로 연결한다.
>
> **あなた** 당신
> **傘**(かさ) 우산
> **どれ** 어느 것

□□□ 저것은 누구 모자입니까?

あれはだれの帽子ですか。

あれは誰の帽子ですか。

> **あれは** 저것은
> **だれ** 누구
> **帽子**(ぼうし) 모자

□□□ 저것은 내 가방이 아닙니다.

あれはわたしのかばんではありません。

あれはわたしのかばんではありません。

> **あれは** 저것은
> **かばん** 가방
> **~ではありません**
> ~이(가) 아닙니다

□□□ 이 책은 내 것이 아닙니다.

この本はわたしのではありません。

この本はわたしのではありません。

> のは 명사 대용으로 쓰일 때는 '~의 것'이라는 뜻이 된다.

この 이
本(ほん) 책
わたし(私) 나, 저

□□□ 그것은 내 것이고, 저것은 선생님 것입니다.

それはわたしので、あれは先生のです。

それはわたしので、あれは先生のです。

> では ですの 중지형으로 문장을 중지거나 열거할 때 쓰인다.

それは 그것은
わたしので 내 것이고
先生(せんせい) 선생님
あれは 저것은

A: これはあなたの眼鏡(めがね)ですか。

B: いいえ、これはわたしの眼鏡(めがね)ではありません。

A: じゃあ、だれのですか。

B: これは山田(やまだ)さんのです。

A: 이것은 당신 안경입니까?
B: 아니오, 이것은 제 안경이 아닙니다.
A: 그럼, 누구 것입니까?
B: 이것은 야마다 씨 것입니다.

> じゃは ではの 줄임말로 접속사로 쓰일 때는 '그럼'이라는 뜻이다. じゃあ는 길게 발음한 형태이다.

眼鏡(めがね) 안경
じゃあ 그럼
だれ 누구
山田(やまだ)さん 야마다 씨

UNIT 04 ~でした

~でした는 정중한 단정을 나타내는 ~です(~입니다)의 과거형으로 우리말의 '~이었습니다'에 해당합니다. 앞서 배운 ~ですか(~입니까), ~ではありませんか(~이 아니었습니까)처럼 ~でした에 의문이나 질문을 나타내는 종조사 か를 접속하면 '~이었습니까?'의 뜻이 됩니다. 일본어에서는 의문이나 질문을 나타낼 때 물음표(?)를 쓰지 않고 마침표(。)를 씁니다.

☐☐☐ 어제는 선생님의 생일이었습니다.

きのうは先生のお誕生日でした。

きのうは先生のお誕生日でした。

> ~でした는 정중한 단정을 나타내는 ~です의 과거형이다.
>
> **きのう** 어제
> **先生**(せんせい) 선생(님)
> **お誕生日**(たんじょうび) 생일

☐☐☐ 어제는 금요일이었습니다.

きのうは金曜日でした。

きのうは金曜日でした。

> **きのう** 어제
> **金曜日**(きんようび) 금요일

☐☐☐ 이 빌딩은 전에는 병원이었습니다.

このビルは前は病院でした。

このビルは前は病院でした。

> ビル는 ビルディング(빌딩)의 준말이다.
>
> **この** 이
> **ビル** 빌딩
> **前**(まえ)**は** 전에는
> **病院**(びょういん) 병원

☐☐☐ 어제는 며칠이었습니까?

きのうは何日でしたか。

きのうは何日でしたか。

> ~でした에 종조사 か를 접속하면 의문이나 질문을 나타낸다.
>
> **きのう** 어제
> **何日**(なんにち) 며칠

UNIT 04 ~이었습니다 | 23

☐☐☐ 입학식은 무슨 요일이었습니까?

入学式は何曜日でしたか。

入学式は何曜日でしたか。

入学式(にゅうがくしき) 입학식
何曜日(なんようび) 무슨 요일

☐☐☐ 요시무라 씨, 어제는 쉬는 날이었습니까?

吉村さん、きのうは休みの日でしたか。

吉村さん、きのうは休みの日でしたか。

さん은 성씨 뒤에 붙어 우리말의 '~씨, 님'을 뜻한다.

吉村(よしむら)さん 요시무라 씨
きのう 어제
休(やす)みの日(ひ) 쉬는 날

A: きのうは何日_{なんにち}でしたか。

B: きのうは14日_{じゅうよっか}でした。

A: では、きのうは何曜日_{なんようび}でしたか。

B: 水曜日_{すいようび}でした。

A: 어제는 며칠이었습니까?
B: 어제는 14일이었습니다.
A: 그럼, 어제는 무슨 요일이었습니까?
B: 수요일이었습니다.

きのう 어제
何日(なんにち) 며칠
14日(じゅうよっか) 14일
では 그럼
何曜日(なんようび) 무슨 요일
水曜日(すいようび) 수요일

UNIT 05 ~ではありませんでした

명사에 접속하여 정중한 단정을 나타내는 ~です(~입니다)의 부정형은 ~ではありません(~이/가 아닙니다)입니다. 부정형 ~ではありません에 ~です의 과거형인 ~でした(~이었습니다)를 접속하면 '~이(가) 아니었습니다'의 뜻으로 부정과거를 나타냅니다. 회화에서는 では를 じゃ로 줄여서 쓰기도 하며, 의문이나 질문을 나타낼 때는 종조사 か를 접속하면 됩니다.

□□□ 어제는 쉬는 날이 아니었습니다.

きのうは休みの日ではありませんでした。

きのうは休みの日ではありませんでした。

> ~ではありません에 ~でした를 붙이면 과거부정이 된다.
>
> きのう 어제
> 休みの日(やすみのひ) 쉬는 날

□□□ 그제는 국경일이 아니었습니다.

おとといは祝日ではありませんでした。

おとといは祝日ではありませんでした。

> おととい 그제
> 祝日(しゅくじつ) 국경일

□□□ 어제는 비가 오지 않았습니다.

きのうは雨じゃありませんでした。

きのうは雨じゃありませんでした。

> 흔히 회화체에서 では는 줄여서 じゃ로 쓴다.
>
> きのう 어제
> 雨(あめ) 비

□□□ 당신은 샐러리맨이 아니었습니까?

あなたはサラリーマンではありませんでしたか。

あなたはサラリーマンではありませんでしたか。

> ~ではありませんでした에 종조사 か를 접속하면 의문이나 질문을 나타낸다.
>
> あなた 당신
> サラリーマン 샐러리맨

□□□ 옛날에 저기는 백화점이 아니었습니까?

昔、あそこはデパートじゃありませんでしたか。

昔、あそこはデパートじゃありませんでしたか。

장소를 나타내는 지시대명사
ここ 여기 そこ 거기
あそこ 저기 どこ 어디

昔(むかし) 옛날
あそこ 저기
デパート 백화점

□□□ 여기는 역이 아니었습니까?

ここは駅じゃありませんでしたか。

ここは駅じゃありませんでしたか。

ここ 여기
駅(えき) 역

A: 先週の金曜日は何日でしたか。

B: 10日でした。

A: じゃ、10日はお誕生日じゃありませんでしたか。

B: いいえ、わたしの誕生日は9日でした。

A: 지난 주 금요일은 며칠이었습니까?
B: 10일이었습니다.
A: 그럼, 10일은 당신 생일이 아니었습니까?
B: 아니오, 제 생일은 9일이었습니다.

先週(せんしゅう) 지난 주
金曜日(きんようび) 금요일
何日(なんにち) 며칠
10日(とおか) 10일
じゃ 그럼
お誕生日(たんじょうび) 생일
いいえ 아니오
わたし(私) 나, 저
9日(ここのか) 9일

우리말 해석을 보고 빈칸에 알맞은 일본어를 써넣으세요.

01. 나는 학생입니다.

    わたしは学生☐☐。

02. 이것은 무엇입니까?

    これは何☐☐☐。

03. 그것은 노트북이 아닙니다.

    これはノートブック☐☐☐☐☐☐☐。

04. 이것은 텔레비전이 아닙니까?

    これはテレビ☐☐☐☐☐☐☐。

05. 이것은 내 볼펜입니다.

    これはわたし☐ボールペンです。

06. 이 책은 내 것이 아닙니다.

    この本はわたし☐ではありません。

07. 어제는 금요일이었습니다.

    きのうは金曜日☐☐☐。

08. 어제는 며칠이었습니까?

    きのうは何日☐☐☐☐。

09. 어제는 쉬는 날이 아니었습니다.

    きのうは休みの日☐☐☐☐☐☐☐☐☐☐☐☐。

10. 옛날에 저기는 백화점이 아니었습니까?

    昔、あそこはデパートじゃありません☐☐☐。

대화 내용의 우리말 해석을 보고 밑줄에 일본어로 써보세요.

A: それは _____
B: どれですか。

    A: 그것은 무엇입니까?
    B: 어느 것입니까?

A: あれはタクシーですか。
B: いいえ、あれは _____

    A: 저것은 택시입니까?
    B: 아니오, 저것은 택시가 아닙니다.

A: これはあなたの眼鏡ですか。
B: いいえ、これは _____

    A: 이것은 당신 안경입니까?
    B: 아니오, 이것은 제 안경이 아닙니다.

A: きのうは _____
B: きのうは14日でした。

    A: 어제는 며칠이었습니까?
    B: 어제는 14일이었습니다.

A: 10日は _____
B: いいえ、わたしの誕生日は9日でした。

    A: 10일은 당신 생일이 아니었습니까?
    B: 아니오, 제 생일은 9일이었습니다.

UNIT 06 あります/います

우리말과는 달리 일본어에서는 동작성이 없는 무생물의 존재를 나타낼 때는 あります(있습니다)를 사용하고, 동작성이 있는 사람이나 동물 등, 생물의 존재를 나타낼 때는 います(있습니다)를 쓰입니다. 여기에서 나오는 に는 우리말의 '~에'에 해당하는 조사로 어떤 사물이나 사람이 존재하는 장소를 나타낼 때 쓰이며, が는 '~이(가)'의 뜻으로 명사에 접속하여 주격을 나타냅니다.

□□□ 사과는 테이블 위에 있습니다.

りんごはテーブルの上にあります。

りんごはテーブルの上にあります。

무생물의 존재를 나타낼 때는 **あります**를 쓴다.

りんご 사과
テーブル 테이블
上(うえ) 위
~に ~에
あります 있습니다

□□□ 과일은 바구니 안에 있습니다.

果物はかごの中にあります。

果物はかごの中にあります。

~に는 장소를 나타내는 조사로 '~에'의 뜻이다.

果物(くだもの) 과일
かご 바구니
中(なか) 안, 속

□□□ 컴퓨터는 어디에 있습니까?

コンピューターはどこにありますか。

コンピューターはどこにありますか。

あります에 **か**를 접속하면 의문이나 질문을 나타낸다.

コンピューター 컴퓨터
どこに 어디에

□□□ 운동장에는 어린이들이 있습니다.

運動場には子供たちがいます。

運動場には子供たちがいます。

~たち는 다른 말에 접속하여 복수를 나타낸다.

運動場(うんどうじょう) 운동장
~には ~에는
子供(こども) 어린이
~たち ~들
います 있습니다

□□□ 우리집 정원에는 강아지가 있습니다.

うちの庭には子犬がいます。

うちの庭には子犬がいます。

> いますは 생물의 존재를 나타낼 때 사용한다.

うち 집
庭(にわ) 정원, 마당
~には ~에는
子犬(こいぬ) 강아지

□□□ 방 안에는 누가 있습니까?

部屋の中にはだれがいますか。

部屋の中にはだれがいますか。

> いますに かを 접속하면 의문이나 질문을 나타낸다.

部屋(へや) 방
中(なか) 안, 속
だれ 누구

A: テーブルの上には何がありますか。

B: バナナとりんごがあります。

A: では、部屋の中にはだれがいますか。

B: 弟と妹がいます。

A: 테이블 위에는 무엇이 있습니까?
B: 바나나와 사과가 있습니다.
A: 그럼, 방 안에는 누가 있습니까?
B: 남동생과 여동생이 있습니다.

テーブル 테이블
上(うえ) 위
何(なに) 무엇
~が ~이(가)
バナナ 바나나
~と ~와(과)
りんご 사과
部屋(へや) 방
中(なか) 안, 속
だれ(誰) 누구
弟(おとうと) 남동생
妹(いもうと) 여동생

UNIT 07 ありません/いません

ありません(없습니다)은 사물 또는 식물, 즉 동작성이 없는 무생물의 존재를 나타내는 あります의 부정형입니다. 반대로 いません(없습니다)은 동작성이 있는 사람이나 동물의 존재를 나타낼 때 쓰이는 います의 부정형입니다. 여기에 나오는 ~には는 존재하는 장소를 나타내는 조사 に에 조사 は(와)가 결합된 형태로 우리말의 '~에는'에 해당합니다.

□□□ 책상 위에는 아무것도 없습니다.

つくえの上には何もありません。

つくえの上には何もありません。

> 무생물의 존재를 나타내는 あります의 부정형은 ありません이다.
>
> つくえ(机) 책상
> 上(うえ) 위
> ~には ~에는
> 何(なに)も 아무것도
> ありません 없습니다

□□□ 가방 속에 수첩은 없습니다.

かばんの中に手帳はありません。

かばんの中に手帳はありません。

> かばん 가방
> 中(なか) 안, 속
> 手帳(てちょう) 수첩
> ~は ~은(는)

□□□ 장롱 속에 바지는 없습니까?

たんすの中にズボンはありませんか。

たんすの中にズボンはありませんか。

> ありません에 か를 접속하면 의문이나 질문을 나타낸다.
>
> たんす 장롱
> 中(なか)に 안에, 속에
> ズボン 바지

□□□ 교실 안에는 아무도 없습니다.

教室の中にはだれもいません。

教室の中にはだれもいません。

> 생물의 존재를 나타내는 います의 부정형은 いません이다.
>
> 教室(きょうしつ) 교실
> 中(なか)には 안에는, 속에는
> だれも 아무도
> いません 없습니다

□□□ 개와 고양이는 어디에도 없습니다.

犬とねこはどこにもいません。

犬と猫はどこにもいません。

なにも 아무 것도 / だれも 아무도
どこにも 어디에도

犬(いぬ) 개
~と ~와(과)
ねこ(猫) 고양이
どこにも 어디에도

□□□ 방에는 아무도 없습니까?

部屋にはだれもいませんか。

部屋にはだれもいませんか。

いません에 か를 접속하면 의문이나 질문을 나타낸다.

部屋(へや) 방
だれも 아무도

A: かばんがありますか。

B: いいえ、かばんはありません。

A: 木村(きむら)さんは?

B: 木村(きむら)さんもいません。

A: 가방이 있습니까?
B: 아니오, 가방은 없습니다.
A: 기무라 씨는요?
B: 기무라 씨도 없습니다.

かばん 가방
いいえ 아니오
木村(きむら)さん 기무라 씨
~さん ~씨(님)

UNIT 08 ありました/いました

ありました(없었습니다)은 사물 또는 식물, 즉 동작성이 없는 무생물의 존재를 나타내는 あります의 과거형입니다. 반대로 いました(없었습니다)은 동작성이 있는 사람이나 동물의 존재를 나타낼 때 쓰이는 います의 과거형입니다. 존재를 나타내는 あります(います)의 부정형이나 과거형에 종조사 か를 접속하면 의문이나 질문을 나타냅니다.

□□□ 쓰레기통은 의자 밑에 있었습니다.

ゴミばこはいすの下にありました。

ゴミばこはいすの下にありました。

> 무생물의 존재를 나타내는 あります의 과거형은 ありました이다.
>
> ゴミばこ 쓰레기통
> いす(椅子) 의자
> 下(した) 아래
> ~に ~에
> ありました 있었습니다

□□□ 노트는 책상 위에 있었습니까?

ノートはつくえの上にありましたか。

ノートはつくえの上にありましたか。

> ありました에 か를 접속하면 의문이나 질문을 나타낸다.
>
> ノート 노트, 공책
> つくえ(机) 책상
> 上(うえ) 위

□□□ 가방 속에는 무엇이 있었습니까?

かばんの中には何がありましたか。

かばんの中には何がありましたか。

> かばん 가방
> 中(なか) 안, 속
> ~には ~에는
> 何(なに) 무엇
> ~が ~이(가)

□□□ 교실 안에 나카무라 선생님이 있었습니다.

教室の中に中村先生がいました。

教室の中に中村先生がいました。

> 무생물의 존재를 나타내는 います의 과거형은 いました이다.
>
> 教室(きょうしつ) 교실
> 中(なか)には 안에는, 속에는
> 中村(なかむら) 나카무라
> 先生(せんせい) 선생(님)
> いました 있었습니다

UNIT 08 있었습니다

□□□ 연못 안에는 금붕어가 있었습니까?

池の中には金魚が**いました**か。

池の中には金魚がいましたか。

> いましたに かを 접속하면 의문이나 질문을 나타낸다.

池(いけ) 연못
中(なか) 안, 속
金魚(きんぎょ) 금붕어

□□□ 거기에는 누구와 누가 있었습니까?

あそこにはだれとだれが**いました**か。

あそこにはだれとだれがいましたか。

あそこ 저기
~には ~에는
だれが 누가
~と ~와(과)

A: 木村さんは学校にいましたか。

B: はい、木村さんは学校にいました。

A: 自転車はどこにありましたか。

B: 自転車は教室の前にありました。

A: 기무라 씨는 학교에 있었습니까?
B: 네, 기무라 씨는 학교에 있었습니다.
A: 자전거는 어디에 있었습니까?
B: 자전거는 교실 앞에 있었습니다.

~さん ~씨(님)
~に ~에
学校(がっこう) 학교
はい 네(긍정 대답)
自転車(じてんしゃ) 자전거
どこに 어디에
教室(きょうしつ) 교실
前(まえ)に 앞에

UNIT 09 ありませんでした/いませんでした

ありませんでした와 いませんでした는 동작성이 없는 무생물의 존재를 나타내는 あります와 동작성이 있는 사람이나 동물의 존재를 나타내는 います의 부정형인 ありません과 いません에 ~です의 과거형인 ~でした를 접속한 형태로 '없었습니다'의 뜻인 부정과거가 됩니다. 또한 조사 も는 우리말 조사 '~도'에 해당하므로 ~にも는 '~에도'의 뜻이 됩니다.

□□□ 가방 안에는 아무것도 없었습니다.

かばんの中には何もありませんでした。

かばんの中には何もありませんでした。

> ありません에 でした를 접속하면 과거부정이 된다.
>
> **かばん** 가방
> **中**(なか) 안, 속
> **~には** ~에는
> **何**(なに)**も** 아무것도

□□□ 볼펜은 어디에도 없었습니다.

ボールペンはどこにもありませんでした。

ボールペンはどこにもありませんでした。

> **ボールペン** 볼펜
> **どこにも** 어디에도

□□□ 거기에는 아무것도 없었습니까?

あそこには何もありませんでしたか。

あそこには何もありませんでしたか。

> ありませんでした에 か를 접속하면 의문이나 질문을 나타낸다.
>
> **あそこ** 저기, 거기(서로 알고 있는 곳을 말할 때)
> **~には** ~에는
> **何**(なに)**も** 아무것도

□□□ 기무라 씨는 회사에도 없었습니다.

木村さんは会社にもいませんでした。

木村さんは会社にもいませんでした。

> いません에 でした를 접속하면 과거부정이 된다.
>
> **木村**(きむら)**さん** 기무라 씨
> **~さん** ~씨(님)
> **会社**(かいしゃ) 회사

□□□ 정원에는 고양이도 개도 없었습니다.

庭にはねこも犬もいませんでした。

庭にはねこも犬もいませんでした。

庭(にわ) 정원, 마당
ねこ(猫) 고양이
~も ~도
犬(いぬ) 개

□□□ 거기에는 아무도 없었습니까?

あそこにはだれもいませんでしたか。

あそこにはだれもいませんでしたか。

いませんでした에 か를 접속하면 의문이나 질문을 나타낸다.

あそこ 저기, 거기
だれも 아무도

A: 吉村さんはデパートにいましたか。

B: いいえ、吉村さんはデパートにはいませんでした。

A: 今、吉村さんはどこにいますか。

B: 吉村さんは電車の中にいます。

A: 요시무라 씨는 백화점에 있었습니까?
B: 아니오, 요시무라 씨는 백화점에는 없었습니다.
A: 지금 요시무라 씨는 어디에 있습니까?
B: 요시무라 씨는 전철 안에 있습니다.

吉村(よしむら)さん 요시무라 씨
デパート 백화점
いいえ 아니오(부정 대답)
~には ~에는
今(いま) 지금
どこに 어디에
電車(でんしゃ) 전철
中(なか) 안, 속

UNIT 10 ~しかありません/いません

しかは 우리말 조사 '~밖에, 뿐'의 뜻으로 한정을 나타내며, 반드시 뒤에는 ありません처럼 부정어가 옵니다. ~には(니와)는 조사 に와 は가 결합된 형태로 우리말의 '~에는'에 해당합니다. 참고로 일본어 고유수사는 ひとつ(하나) ふたつ(둘) みっつ(셋) よっつ(넷) いつつ(다섯) むっつ(여섯) ななつ(일곱) やっつ(여덟) ここのつ(아홉) とお(열)까지 있습니다.

□□□ 사과는 두 개밖에 없습니다.

りんごは二つしかありません。

りんごは二つしかありません。

> しかは '~밖에, 뿐'의 뜻으로 한정을 나타내는 조사이다.
>
> **りんご** 사과
> **二(ふた)つ** 둘, 두 개
> **~しか** ~밖에
> **ありません** 없습니다

□□□ 바구니 안에는 토마토밖에 없습니다.

かごの中にはトマトしかありません。

かごの中にはトマトしかありません。

> **かご** 상자
> **中(なか)には** 안에는
> **トマト** 토마토

□□□ 바나나는 이것밖에 없었습니까?

バナナはこれしかありませんでしたか。

バナナはこれしかありませんでしたか。

> ありませんでしたは ありません의 과거형이다.
>
> **バナナ** 바나나
> **これしか** 이것밖에
> **ありませんでした** 없었습니다

□□□ 방에는 침대밖에 없습니다.

部屋にはベッドしかありません。

部屋にはベッドしかありません。

> 고유어 숫자 읽기 (1)
> **一(ひと)つ** 하나 / **二(ふた)つ** 둘
> **三(みっ)つ** 셋 / **四(よっ)つ** 넷
> **五(いつ)つ** 다섯
>
> **部屋(へや)** 방
> **ベッド** 침대

UNIT 10 ~밖에 없습니다 | 37

☐☐☐ 돈은 이것밖에 없습니까?

お金はこれしかありませんか。

お金はこれしかありませんか。

고유어 숫자 읽기 (2)
六(むっ)つ 여섯 / 七(なな)つ 일곱
八(やっ)つ 여덟
九(ここの)つ 아홉 / 十(とお) 열

お金(かね) 돈
これしか 이것밖에

☐☐☐ 남자아이는 한 명밖에 없었습니다.

男の子は一人しかいませんでした。

男の子は一人しかいませんでした。

いませんでしたは いません의 과거형이다.

男の子(おとこのこ) 남자아이
一人(ひとり) 혼자, 한 명
いませんでした 없었습니다

A: 冷蔵庫(れいぞうこ)にトマトはたくさんありますか。

B: いいえ、全部(ぜんぶ)で 3個(さんこ)しかありません。

A: あそこに男の子(おとこ こ)もおおぜいいましたか。

B: いいえ、男の子(おとこ こ)は一人(ひとり)もいませんでした。

A: 냉장고에 토마토는 많이 있습니까?
B: 아니오, 전부해서 3개밖에 없습니다.
A: 거기에 남자아이도 많이 있었습니까?
B: 아니오, 남자아이는 한 명도 없었습니다.

たくさんは 보통 '닥상'으로 줄여서 발음하며 사물이 많음을 나타내는 부사어이고, おおぜい는 사람이 많음을 나타낼 때 쓰이는 부사어이다.

冷蔵庫(れいぞうこ) 냉장고
トマト 토마토
たくさん 많이(사물)
いいえ 아니오(부정 대답)
全部(ぜんぶ)で 전부해서
3個(さんこ) 세 개
男の子(おとこのこ) 남자아이
おおぜい 많이(사람)
一人(ひとり)も 한 사람도

우리말 해석을 보고 빈칸에 알맞는 일본어를 써넣으세요.

01. 사과는 테이블 위에 있습니다.
    りんごはテーブルの上に □□□□。

02. 우리집 정원에는 강아지가 있습니다.
    うちの庭には子犬が □□□。

03. 책상 위에는 아무것도 없습니다.
    つくえの上には何も □□□□。

04. 개와 고양이는 어디에도 없습니다.
    犬とねこはどこにも □□□□。

05. 노트는 책상 위에 있었습니까?
    ノートはつくえの上に □□□□□ か。

06. 거기에는 누구와 누가 있었습니까?
    あそこにはだれとだれが □□□□ か。

07. 가방 안에는 아무것도 없었습니다.
    かばんの中には何も □□□□□□□□。

08. 거기에는 아무도 없었습니까?
    あそこにはだれも □□□□□□□ か。

09. 바구니 안에는 토마토밖에 없습니다.
    かごの中にはトマト □□□□□□□。

10. 남자아이는 한 명밖에 없었습니다.
    男の子は一人 □□□□□□□□。

▼ 우리말 대화문을 보고 밑줄에 일본어를 넣어 대화를 완성해보세요.

A: テーブルの ＿＿＿＿＿＿＿＿＿＿＿＿＿＿
B: バナナとりんごがあります。

    A: 테이블 위에는 무엇이 있습니까?
    B: 바나나와 사과가 있습니다.

A: かばんがありますか。
B: いいえ、＿＿＿＿＿＿＿＿＿＿＿＿＿＿

    A: 가방이 있습니까?
    B: 아니오, 가방은 없습니다.

A: 自転車は ＿＿＿＿＿＿＿＿＿＿＿＿＿＿
B: 自転車は教室の前にありました。

    A: 자전거는 어디에 있었습니까?
    B: 자전거는 교실 앞에 있었습니다.

A: 吉村さんはデパートにいましたか。
B: いいえ、吉村さんは ＿＿＿＿＿＿＿＿＿＿

    A: 요시무라 씨는 백화점에 있었습니까?
    B: 아니오, 요시무라 씨는 백화점에는 없었습니다.

A: 冷蔵庫にトマトはたくさんありますか。
B: いいえ、＿＿＿＿＿＿＿＿＿＿＿＿＿＿

    A: 냉장고에 토마토는 많이 있습니까?
    B: 아니오, 전부해서 3개밖에 없습니다.

따라쓰기만 해도 혼자서 일본어를 할 수 있다!

PART 02

형용사와 형용동사

기본형

연체형

정중형

형용사

1. 일본어 형용사

일본어의 형용사는 활용이 있는 자립어로써 사물의 성질과 상태를 나타냅니다. 단, 우리말 형용사와는 달리 의미로 분류하지 않고, 어미의 형태로 분류하는 점이 다르며, 일본어의 형용사는 모든 어미가 い로 끝납니다.

赤い 빨갛다 寒い 춥다
易しい 쉽다 明るい 밝다

2. 기본형

어미가 い로 끝나는 형용사는 그 자체로 문장을 끝맺기도 합니다. 또한 뒤의 명사를 수식할 때도 어미 い의 기본형 상태를 취합니다. 즉, 우리말에서는 어미가 '~하다'가 '~한'으로 변하여 뒤의 명사를 수식하지만, 일본어에서는 어미 변화가 없습니다.

日本語はとてもやさしい。 일본어는 매우 쉽다.

とてもやさしい日本語です。 매우 쉬운 일본어입니다.

3. 정중형

형용사의 기본형은 보통체로 '~하다'의 뜻이지만, 기본형에 ~です를 접속하면 '~합니다'의 뜻으로 상태를 정중하게 표현합니다. 질문을 할 때는 질문을 나타내는 か를 접속하면 됩니다.

日本語はやさしいです。 일본어는 쉽습니다.

日本語はやさしくありません。
일본어는 쉽지 않습니다.

日本語はやさしくありませんでした。
일본어는 쉽지 않았습니다.

日本語はやさしくて、英語はむずかしいです。
일본어는 쉽고, 영어는 어렵습니다.

NOTE

형용동사

1. 일본어 형용동사

일본어의 형용사는 형태상 기본형의 어미가 い인 경우와 だ인 경우가 있습니다. 어미가 だ인 경우는 형용동사로 앞서 배운 형용사와 어미의 형태가 다를 뿐 상태를 나타내는 점에 있어서는 동일합니다. 단, 형용동사는 명사적인 성질이 강하며, 우리말의 '명사＋하다'와 마찬가지로 상태를 나타낼 경우에는 대부분 일본어의 형용동사에 해당합니다.

静かだ 조용하다 きれいだ 깨끗하다, 예쁘다
真面目だ 성실하다 有名だ 유명하다

2. 기본형과 연체형

어미가 だ로 끝나는 형용동사는 그 자체로 문장을 끝맺기도 합니다. 그러나 뒤의 명사를 수식할 때 앞서 배운 형용사에서는 어미 변화가 없었지만, 형용동사는 어미 だ가 な로 바뀝니다.

この公園はとても静かだ。 이 공원은 매우 조용하다.
とても静かな公園ですね。 매우 조용한 공원이군요.

3. 정중형

형용동사의 기본형은 보통체로 '~하다'의 뜻이지만, 기본형에 です를 접속하면 '~합니다'의 뜻으로 상태를 정중하게 나타냅니다. 질문을 할 때는 종조사 か를 접속하면 됩니다.

この公園は静かです。 이 공원은 조용합니다.
この公園は静かではありません。
이 공원은 조용하지 않습니다.

この公園は静かでした。
이 공원은 조용했습니다.

この公園は静かではありませんでした。
이 공원은 조용하지 않았습니다.

この公園は静かで、交通も便利です。
이 공원은 조용하고, 교통도 편합니다.

UNIT 01 (형용사) ~いです

우리말 형용사는 의미로 분류하지만, 일본어 형용사는 어미의 형태(-い)로 분류합니다. 기본형의 어미는 い이며, 형용사를 정중하게 표현하고자 할 때는 기본형에 앞서 배운 정중한 단정을 나타내는 です를 접속하면 '~합니다'의 뜻이 됩니다. 우리말에서는 어미의 형태가 변하여 '~ㅂ니다'로 정중체가 되지만 일본어에서는 기본형의 어미 い에 です만 접속하면 됩니다.

□□□ 여기 겨울은 무척 춥다.

ここの冬はとても寒い。

ここの冬はとても寒い。

> 일본어 형용사의 기본형 어미는 い이다.

ここ 여기
冬(ふゆ) 겨울
とても 매우, 무척
寒(さむ)い 춥다

□□□ 저 빌딩은 높습니다.

あのビルは高いです。

あのビルは高いです。

> 형용사의 기본형에 です를 접속하면 정중한 표현이 된다.

あの 저
ビル 빌딩
高(たか)い 높다

□□□ 비행기는 매우 빠릅니다.

飛行機はとても速いです。

飛行機はとても速いです。

飛行機(ひこうき) 비행기
とても 매우, 무척
速(はや)い 빠르다

□□□ 저 가방은 무겁습니까?

あのかばんは重いですか。

あのかばんは重いですか。

> ですか를 접속하면 정중한 의문문이 된다.

あの 저
かばん 가방
重(おも)い 무겁다
↔ 軽(かる)い 가볍다

□□□ 당신 회사는 가깝습니까?

あなたの会社は近いですか。

あなたの会社は近いですか。

あなた 당신
会社(かいしゃ) 회사
近(ちか)い 가깝다
↔ 遠(とお)い 멀다

□□□ 저 선글라스는 쌉니까?

あのサングラスは安いですか。

あのサングラスは安いですか。

あの 저
サングラス 선글라스
安(やす)い (값이) 싸다
↔ 高(たか)い (값이) 비싸다

A: あれはどこの車ですか。

B: あれはアメリカのです。

A: 高いですか。

B: はい、少し高いです。

A: 저것은 어디 차입니까?
B: 저것은 미국 차입니다.
A: 비쌉니까?
B: 네, 좀 비쌉니다.

あれ 저것
どこ 어디
車(くるま) 차
アメリカ 미국
~のです ~것입니다
高(たか)い (값이) 비싸다
少(すこ)し 조금

UNIT 02 (형용사)~い + 명사

우리말에서는 형용사가 뒤의 명사를 수식할 때 '재미있다 + 책'이 '재미있는 책'처럼 어미 '~하다'가 '~한'으로 바뀌지만, 일본어에서는 형용사가 뒤의 명사를 꾸밀 때는 'おもしろい(재미있다)+本(책)'처럼 어미 변화가 없이 기본형 상태로 쓰입니다. 참고로 조사 の는 앞에 언급한 명사가 반복될 때 명사 대용으로도 쓰이며, 이때는 '것'으로 해석합니다.

□□□ 이것은 새 구두입니다.

これは新しいくつです。

これは新しいくつです。

> 형용사가 뒤의 명사를 수식할 때는 기본형 상태를 취한다.
>
> 新(あたら)しい 새롭다
> くつ(靴) 신발, 구두

□□□ 당신 우산은 빨간 것입니까?

あなたのかさは赤いのですか。

あなたのかさは赤いのですか。

> 白(しろ)い 하얗다 / 黒(くろ)い 검다 / 黄色(きいろ)い 노랗다
>
> あなた 당신
> かさ(傘) 우산
> 赤(あか)い 빨갛다

□□□ 내 것은 파란 모자가 아닙니다.

わたしのは青い帽子ではありません。

わたしのは青い帽子ではありません。

> わたしのは 내 것은
> 青(あお)い 파랗다
> 帽子(ぼうし) 모자

□□□ 그것은 재미있는 만화입니까?

それは面白い漫画ですか。

それは面白い漫画ですか。

> 面白(おもしろ)い 재미있다
> 漫画(まんが) 만화
> ↔ つまらない 재미없다, 시시하다

UNIT 02 ~한 것(명사) | 47

□□□ 당신 연필은 긴 것입니까?

あなたの鉛筆は長いのですか。

あなたの鉛筆は長いのですか。

鉛筆(えんぴつ) 연필
長(なが)い 길다
~のですか ~것입니까?

□□□ 그 빨간 장미는 얼마입니까?

その赤いバラはいくらですか。

その赤いバラはいくらですか。

赤(あか)い 빨갛다
バラ 장미
いくら 얼마

A: そのタオルは新しいですか。

B: どのタオルですか。

A: この白いタオルです。

B: その白いタオルは新しいです。

A: 그 타월은 새 것입니까?
B: 어느 타월입니까?
A: 이 흰 타월입니다.
B: 그 흰 타월은 새 것입니다.

タオル 타월
新(あたら)しい 새롭다
どの 어느
白(しろ)い 하얗다

UNIT 03 (형용사)~くありません

형용사 어미 い를 く로 바꾸고 부정어인 ありません을 접속하면 '~하지 않습니다'의 뜻으로 정중하게 부정하는 표현이 됩니다. 이 때 ありません은 존재의 부정(없습니다)이 아니라 상태의 부정으로 '아닙니다'가 되며, ~くありません은 형용사를 정중하게 표현하는 ~いです의 부정표현입니다. 참고로 あまり는 뒤에 부정어가 오면 '그다지, 별로'의 뜻을 나타냅니다.

□□□ 이 과자는 맛있지 않습니다.

このお菓子はおいしくありません。

このお菓子はおいしくありません。

> 형용사-いです의 부정형은 형용사-くありません이다.

お菓子(かし) 과자
おいしい 맛있다

□□□ 올 여름은 덥지 않습니다.

今年の夏は暑くありません。

今年の夏は暑くありません。

今年(ことし) 올해
夏(なつ) 여름
暑(あつ)い 덥다
↔ 寒(さむ)い 춥다

□□□ 일본어는 그다지 어렵지 않습니다.

日本語はあまり難しくありません。

日本語はあまり難しくありません。

> あまり는 뒤에 부정어가 오면 '그다지, 별로'의 뜻이 된다.

日本語(にほんご) 일본어
あまり 그다지, 별로
難(むずか)しい 어렵다

□□□ 이 수학 문제는 쉽지 않습니다.

この数学の問題は易しくありません。

この数学の問題は易しくありません。

数学(すうがく) 수학
問題(もんだい) 문제
易(やさ)しい 쉽다

□□□ 이 텔레비전은 비싸지 않습니까?
このテレビは高くありませんか。

このテレビは高くありませんか。

高い (높이가) 높다, (값이) 비싸다, (키가) 크다

テレビ 텔레비전
高(たか)い (값이) 비싸다

□□□ 당신 나라의 겨울은 춥지 않습니까?
あなたの国の冬は寒くありませんか。

あなたの国の冬は寒くありませんか。

あなた 당신
国(くに) 나라, 고장
冬(ふゆ) 겨울
寒(さむ)い 춥다

A: このイチゴのケーキは甘いですか。

B: いいえ、このイチゴのケーキは甘くありません。

A: じゃあ、あのケーキは高いですか。

B: いいえ、あのケーキはあまり高くありません。

A: 이 딸기 케이크는 답니까?
B: 아니오, 이 딸기 케이크는 달지 않습니다.
A: 그럼, 저 케이크는 비쌉니까?
B: 아니오, 저 케이크는 그다지 비싸지 않습니다.

イチゴ 딸기
ケーキ 케이크
甘(あま)い 달다
じゃあ 그럼
高(たか)い (값이) 비싸다
あまり 그다지, 별로

UNIT 04 (형용사)~くは[も]ありません

형용사의 부정을 강조할 때는 조사 は(와)를 부정어 앞에 삽입합니다. 즉, ~くはありません은 우리말의 '~하지는 않습니다'의 뜻이 됩니다. 또한 두 가지 이상의 상태를 부정할 때는 조사 も를 부정어 앞에 삽입한 ~くもありません은 '~하지도 않습니다'의 뜻이 됩니다. 형용사의 정중한 표현의 경우도 종조사 か를 접속하면 상태의 의문이나 질문을 나타냅니다.

□□□ 이 맥주는 차갑지는 않습니다.

このビールは冷たくはありません。

このビールは冷たくはありません。

> ~くはありません ~하지는 않습니다(강조)
>
> ビール 맥주
> 冷(つめ)たい 차갑다

□□□ 저 백화점은 크지는 않습니다.

あのデパートは大きくはありません。

あのデパートは大きくはありません。

> デパート 백화점
> 大(おお)きい 크다
> ↔ 小(ちい)さい 작다

□□□ 내 차는 새롭지는 않습니다.

わたしの車は新しくはありません。

わたしの車は新しくはありません。

> 車(くるま) 차
> 新(あたら)しい 새롭다
> ↔ 古(ふる)い 낡다, 오래되다

□□□ 그 빌딩은 그다지 높지는 않습니까?

あのビルはあまり高くはありませんか。

あのビルはあまり高くはありませんか。

> ビル 빌딩
> あまり 그다지, 별로
> 高(たか)い 높다
> ↔ 低(ひく)い 낮다

□□□ 이 약은 달지도 쓰지도 않습니다.

この薬は**甘くも苦くもありません**。

この薬は甘くも苦くもありません。

~くもありません ~하지도 않습니다(강조, 열거)

薬(くすり) 약
甘(あま)い 달다
苦(にが)い 쓰다

□□□ 이 옷은 싸지도 비싸지도 않습니다.

この洋服は**安くも高くもありません**。

この洋服は安くも高くもありません。

洋服 ↔ 和服(わふく) 일본 옷

洋服(ようふく) 양복, (서양)옷
安(やす)い (값이) 싸다
高(たか)い (값이) 비싸다

A: 日本語は難しいですか。

B: いいえ、あまり難しくはありません。

A: 韓国語はどうですか。

B: 韓国語は易しくも難しくもありません。

A: 일본어는 어렵습니까?
B: 아니오, 그다지 어렵지는 않습니다.
A: 한국어는 어떻습니까?
B: 한국어는 쉽지도 어렵지도 않습니다.

상태를 둘 이상 열거할 때는 ~くも ~くも 형태를 쓴다.

日本語(にほんご) 일본어
難(むずか)しい 어렵다
あまり 그다지, 별로
韓国語(かんこくご) 한국어
どう 어떻게
易(やさ)しい 쉽다
難(むずか)しい 어렵다

UNIT 05 (형용사)~くありませんでした

형용사의 기본형에 접속되어 정중한 단정을 나타내는 ~いです의 부정표현은 ~くありません입니다. 여기에 ~です의 과거형인 ~でした를 접속하면 '~하지 않았습니다'의 뜻으로 부정과거를 나타냅니다. 또한 강조를 나타내는 조사 は나 나열을 나타내는 も를 접속하면 '~하지는(도) 않았습니다'의 뜻이 되며, 의문이나 질문을 나타낼 때는 종조사 か를 접속하면 됩니다.

□□□ 올 여름은 덥지 않았습니다.

今年の夏は暑くありませんでした。

今年の夏は暑くありませんでした。

> 형용사-くありません에 でした를 접속하면 부정과거가 된다.
>
> 今年(ことし) 올해, 금년
> 夏(なつ) 여름
> 暑(あつ)い 덥다

□□□ 그 영화는 재미있지 않았습니다.

あの映画は面白くありませんでした。

あの映画は面白くありませんでした。

> あの는 본래 '저'라는 뜻이지만, 서로 알고 있는 것을 말할 때는 '그'라는 뜻이 된다.
>
> 映画(えいが) 영화
> 面白(おもしろ)い 재미있다

□□□ 그 케이크는 그다지 맛있지 않았습니다.

あのケーキはあまりおいしくありませんでした。

あのケーキはあまりおいしくありませんでした。

> ケーキ 케이크
> あまり 그다지, 별로
> おいしい 맛있다

□□□ 그 택시는 빠르지는 않았습니까?

あのタクシーは速くはありませんでしたか。

あのタクシーは速くはありませんでしたか。

> タクシー 택시
> 速(はや)い (속도가) 빠르다

UNIT 05 ～하지 않았습니다 | 53

□□□ 수학 문제는 그다지 어렵지는 않았습니다.

数学の問題はあまり難しくはありませんでした。

数学の問題はあまり難しくはありませんでした。

数学(すうがく) 수학
問題(もんだい) 문제
難(むずか)しい 어렵다

□□□ 이번 시험은 그다지 쉽지 않았습니까?

今度の試験はあまり易しくありませんでしたか。

今度の試験はあまり易しくありませんでしたか。

今度(こんど) 이번
試験(しけん) 시험
易(やさ)しい 쉽다

A: 英語のテストはいつでしたか。

B: 先週の金曜日でした。

A: 試験はどうでしたか。

B: あまり難しくはありませんでした。

A: 영어 시험은 언제였습니까?
B: 지난주 금요일이었습니다.
A: 시험은 어땠습니까?
B: 별로 어렵지는 않았습니다.

英語(えいご) 영어
テスト 테스트, 시험
いつ 언제
先週(せんしゅう) 지난 주
金曜日(きんようび) 금요일
どう 어떻게
難(むずか)しい 어렵다

우리말 해석을 보고 빈칸에 알맞은 일본어를 써넣으세요.

01. 저 빌딩은 높습니다.
    あのビルは [たか][い] です。

02. 저 가방은 무겁습니까?
    あのかばんは [お][も][い][です] か。

03. 이것은 새 구두입니다.
    これは [あ][た][らしい] くつです。

04. 그 빨간 장미는 얼마입니까?
    その [赤][い] バラはいくらですか。

05. 이 과자는 맛있지 않습니다.
    このお菓子は [お][い][しく] ありません。

06. 당신 나라의 겨울은 춥지 않습니까?
    あなたの国の冬は [さ][む][く][は][な][い][です] か。

07. 이 맥주는 차갑지는 않습니다.
    このビールは [つ][め][たく][は] ありません。

08. 이 약은 달지도 쓰지도 않습니다.
    この薬は甘くも [に][が][く] ありません。

09. 올 여름은 덥지 않았습니다.
    今年の夏は暑く [あ][り][ま][せ][ん][で][し][た] 。

10. 그 택시는 빠르지는 않았습니까?
    あのタクシーは速くは [な][か][っ][た][で][す] か。

▶ 우리말 대화문을 보고 밑줄에 일본어를 넣어 대화를 완성해보세요.

A: 高いですか。

B: はい、_____

A: 비쌉니까?
B: 네, 좀 비쌉니다.

A: この白いタオルです

B: _____ 新しいです

A: 이 흰 타월입니다.
B: 그 흰 타월은 새 것입니다.

A: このイチゴのケーキは甘いですか。

B: いいえ、このイチゴの_____

A: 이 딸기 케이크는 답니까?
B: 아니오, 이 딸기 케이크는 달지 않습니다.

A: 日本語は難しいですか。

B: いいえ、あまり_____

A: 일본어는 어렵습니까?
B: 아니오, 그다지 어렵지는 않습니다.

A: 試験はどうでしたか。

B: あまり_____

A: 시험은 어땠습니까?
B: 별로 어렵지는 않았습니다.

UNIT 06 (형용동사)~です

일본어 형용사는 형태상 기본형 어미가 い인 경우와 だ인 경우가 있습니다. 어미가 だ인 경우는 형용동사로 앞서 배운 형용사와 어미의 형태가 다를 뿐 상태나 성질을 나타내는 점에 있어서는 동일합니다. 단, 형용동사는 명사적인 성질이 강하며, 우리말의 '명사+하다'의 경우 상태를 나타내는 경우는 대부분 일본어의 형용동사에 해당한다고 볼 수 있습니다.

□□□ 이 생선은 신선합니다.

この魚は新鮮です。

この魚は新鮮です。

> 성질이나 상태를 나타내는 명사는 대부분 일본어에서 형용동사이다.

魚(さかな) 생선, 물고기
新鮮(しんせん)だ 신선하다

□□□ 여기 공기는 상쾌합니다.

ここの空気はさわやかです。

ここの空気はさわやかです。

> 형용동사의 어간에 です를 접속하면 정중한 표현이 된다.

ここ 여기
空気(くうき) 동기
さわ(爽)やかだ 상쾌하다

□□□ 그 레스토랑 사람들은 친절합니다.

あのレストランの人たちは親切です。

あのレストランの人たちは親切です。

> たち는 사람을 나타내는 말에 접속하여 복수를 나타낸다.

レストラン 레스토랑
人(ひと) 사람
~たち ~들
親切(しんせつ)だ 친절하다
↔ 不親切(ふしんせつ) 불친절

□□□ 여기는 교통이 편리합니까?

ここは交通が便利ですか。

ここは交通が便利ですか。

> 의문이나 질문을 정중하게 할 때는 ですか를 접속한다.

交通(こうつう) 교통
便利(べんり)だ 편리하다
↔ 不便(ふべん) 불편

□□□ 이 백화점은 유명합니까?

このデパートは有名ですか。

このデパートは有名ですか。

デパート 백화점
有名(ゆうめい)だ 유명하다

□□□ 이 주택가는 조용합니까?

この住宅街は静かですか。

この住宅街は静かですか。

住宅街(じゅうたくがい) 주택가
静(しず)かだ 조용하다
↔ うるさい 시끄럽다

A: この公園は静かですか。

B: はい、いつも静かです。

A: あのお寺は日本で有名ですか。

B: はい、日本でいちばん有名です。

A: 이 공원은 조용합니까?
B: 네, 항상 조용합니다.
A: 저 절은 일본에서 유명합니까?
B: 네, 일본에서 가장 유명합니다.

公園(こうえん) 공원
静(しず)かだ 조용하다
いつも 늘, 항상
お寺(てら) 절
日本(にほん) 일본
~で ~에서(장소)
有名(ゆうめい)だ 유명하다
いちばん 가장, 제일

UNIT 07 (형용동사)~な + 명사

형용동사의 뒤의 명사를 수식할 때는 어미 だ가 な로 바뀝니다. 즉, 형용사에서는 기본형 상태로 뒤의 명사를 수식하지만, 형용동사의 경우는 '~な+명사'의 형태를 취합니다. 참고로 형용동사는 명사적인 성질이 강하여 명사술어의 ~だ(です)와 동일합니다. 단, 명사가 이어질 때는 명사술어는 の이지만 형용동사의 경우는 な의 형태를 취하는 점에서만 다릅니다.

□□□ 상당히 깨끗한 공원이군요.

なかなかきれいな公園ですね。

なかなかきれいな公園ですね。

> 형용동사가 뒤의 명사를 수식할 때는 ~な의 형태를 취한다.
>
> **なかなか** 상당히, 꽤
> **きれいだ** 깨끗하다
> **公園**(こうえん) 공원

□□□ 상당히 친절한 분이시군요.

なかなか親切な方ですね。

なかなか親切な方ですね。

> ね는 문장 끝에 가벼운 감동을 나타내거나 상대에게 동의를 구하거나, 다짐하는 데 쓰인다.
>
> **親切**(しんせつ)**だ** 친절하다
> **~方**(かた) ~분(사람)
> **~ね** ~요, ~군요, ~로군

□□□ 좋아하는 요리는 무엇입니까?

お好きな料理は何ですか。

お好きな料理は何ですか。

> お는 존경의 뜻을 나타내는 접두어로 쓰인다.
>
> **好**(す)**きだ** 좋아하다
> **料理**(りょうり) 요리
> **何**(なん) 무엇

□□□ 잘하는 스포츠는 무엇입니까?

得意なスポーツは何ですか。

得意なスポーツは何ですか。

> **得意**(とくい)**だ** 가장 잘하다
> **スポーツ** 스포츠

UNIT 07 ~한 것(명사) | 59

□□□ 상당히 조용한 아파트이군요.

なかなか静かなアパートですね。

なかなか静かなアパートですね。

静(しず)かだ 조용하다
アパート 아파트

□□□ 교통이 편리한 곳에 있습니다.

交通が便利なところにあります。

交通が便利なところにあります。

交通(こうつう) 교통
~が ~이(가)
便利(べんり)だ 편리하다
ところ(所) 곳, 장소
~にあります ~에 있습니다

A: あのレストランは親切ですか。

B: はい、とても親切です。

A: 交通も便利ですか。

B: はい、交通もなかなか便利なレストランです。

A: 저 레스토랑은 친절합니까?
B: 네, 매우 친절합니다.
A: 교통도 편합니까?
B: 네, 교통도 상당히 편한 레스토랑입니다.

レストラン 레스토랑
親切(しんせつ)だ 친절하다
とても 매우, 무척
交通(こうつう) 교통
~も ~도
便利(べんり)だ 편리하다
なかなか 상당히, 꽤

UNIT 08 (형용동사)~ではありません

형용동사의 정중형은 어미 だ를 정중한 뜻을 나타내는 です로 바꾸면 됩니다. 부정 표현은 단정을 나타내는 ~です의 부정표현인 ~ではありません과 동일합니다. 마찬가지로 회화에서는 줄여서 ~じゃありません으로 표현합니다. 일본어 형용동사를 정중하게 표현하고자 할 때는 앞서 배운 정중한 단정을 나타내는 です와 동일하게 활용을 합니다.

☐☐☐ 이 레스토랑은 조용하지 않습니다.

このレストランは静かではありません。

このレストランは静かではありません。

> 형용동사를 정중하게 부정할 때는 ~ではありません으로 표현한다.
>
> レストラン 레스토랑
> 静(しず)かだ 조용하다

☐☐☐ 고기요리는 좋아하지 않습니다.

肉料理は好きじゃありません。

肉料理は好きじゃありません。

> 회화에서는 흔히 ~ではありません은 ~じゃありません으로 줄여 쓴다.
>
> 肉料理(にくりょうり) 고기요리
> 好(す)きだ 좋아하다

☐☐☐ 저 학생은 착실하지 않습니다.

あの学生は真面目ではありません。

あの学生は真面目ではありません。

> 学生(がくせい) 학생
> 真面目(まじめ)だ 착실하다, 성실하다
> ↔ 不真面目(ふまじめ) 불성실함

☐☐☐ 저 가수는 유명하지 않습니까?

あの歌手は有名ではありませんか。

あの歌手は有名ではありませんか。

> 정중하게 물을 때는 ~ではありませんか로 표현한다.
>
> 歌手(かしゅ) 가수
> 有名(ゆうめい)だ 유명하다

UNIT 08 ~하지 않습니다 | 61

□□□ 이 스웨터는 화려하지 않습니까?

このセーターは派手じゃありませんか。

このセーターは派手じゃありませんか。

セーター 스웨터
派手(はで)だ 화려하다
↔ 地味(じみ) 수수함

□□□ 그 사람은 그다지 친절하지 않습니까?

あの人はあまり親切じゃありませんか。

あの人はあまり親切じゃありませんか。

人(ひと) 사람
あまり 그다지, 별로
親切(しんせつ)だ 친절하다

A: このきれいなセーターはだれのですか。

B: 木村さんのです。

A: きれいですが、ちょっと派手ではありませんか。

B: ええ。ちょっとね。

A: 이 예쁜 스웨터는 누구 것입니까?
B: 기무라 씨 것입니다.
A: 예쁘지만, 좀 화려하지 않습니까?
B: 예, 좀 그러네요.

~ですが의 が는 '~하지만'의 뜻으로 앞뒤의 글을 접속시키는 말로 쓰인다.

きれいだ 깨끗하다
セーター 스웨터
だれ(誰) 누구
木村(きむら)さん 기무라 씨
~さん ~씨(님)
ちょっと 좀, 조금
派手(はで)だ 화려하다
ええ 예, 네(가벼운 긍정대답)

UNIT 09 (형용동사)~でした

명사에서 단정을 나타내는 ~です와 마찬가지로 형용동사의 정중표현인 ~です의 과거형도 ~でした가 됩니다. 즉, 형용동사의 어간에 ~でした를 접속하면 '~했습니다'의 뜻이 됩니다. 이처럼 일본어 형용동사는 명사에 접속하여 단정을 나타내는 ~です와 동일하게 활용을 하지만, 뒤의 명사를 수식하는 경우에만 다르며, 질문이나 의문을 나타낼 때는 か를 접속합니다.

□□□ 시골 할머니는 건강했습니다.

いなかの祖母は元気でした。

いなかの祖母は元気でした。

> 형용동사를 정중하게 ~です의 과거형인 ~でした를 접속한다.

いなか(田舎) 시골
祖父(そふ) 할아버지
元気(げんき)だ 건강하다

□□□ 거기는 교통이 불편했습니다.

あそこは交通が不便でした。

あそこは交通が不便でした。

あそこ 저기
交通(こうつう) 교통
~が ~이(가)
不便(ふべん)だ 불편하다

□□□ 나카무라 선생님은 친절했습니다.

中村先生は親切でした。

中村先生は親切でした。

中村(なかむら) 나카무라
先生(せんせい) 선생(님)
親切(しんせつ)だ 친절하다

□□□ 기무라 씨 아파트는 깨끗했습니까?

木村さんのアパートはきれいでしたか。

木村さんのアパートはきれいでしたか。

> 정중하게 물을 때는 ~でしたか로 표현한다.

木村(きむら) 기무라 씨
~さん ~씨
アパート 아파트
きれいだ 깨끗하다

□□□ 그 주택가는 조용했습니까?

あの住宅街は静かでしたか。

あの住宅街は静かでしたか。

住宅街(じゅうたくがい) 주택가
静(しず)かだ 조용하다

□□□ 은행까지의 교통은 편리했습니까?

銀行までの交通は便利でしたか。

銀行までの交通は便利でしたか。

銀行(ぎんこう) 은행
~までの ~까지의
交通(こうつう) 교통
便利(べんり)だ 편리하다

A: 吉村さんの部屋は静かでしたか。

B: はい、とても静かでした。

A: 部屋はきれいでしたか。

B: はい、なかなかきれいでした。

A: 요시무라 씨 방은 조용했습니까?
B: 네, 매우 조용했습니다.
A: 방은 깨끗했습니까?
B: 네, 상당히 깨끗했습니다.

吉村(よしむら)さん 요시무라 씨
部屋(へや) 방
静(しず)かだ 조용하다
とても 매우, 무척
きれいだ 깨끗하다
なかなか 상당히, 꽤

UNIT 10 (형용동사)~ではありませんでした

형용동사의 정중한 부정형인 ~ではありません(~하지 않습니다)의 경우도 부정과거를 나타낼 때는 ~でした를 접속한 ~ではありませんでした(~하지 않았습니다)로 표현합니다. 회화에서는 줄여서 ~じゃありませんでした로도 쓰이며, 두 가지 이상의 상태를 부정할 때는 조사 も를 접속한 ~でも~でもありません(~하지도 ~하지도 않습니다)로 표현할 수 있습니다.

□□□ 미술관은 조용하지 않았습니다.

美術館は静かではありませんでした。

美術館は静かではありませんでした。

> ~ではありません에 ~でした를 접속하면 부정과거가 된다.
>
> 美術館(びじゅつかん) 미술관
> 静(しず)かだ 조용하다

□□□ 저 연예인은 그다지 유명하지 않았습니다.

あの芸能人はあまり有名ではありませんでした。

あの芸能人はあまり有名ではありませんでした。

> 芸能人(げいのうじん) 연예인
> あまり 그다지, 별로
> 有名(ゆうめい)だ 유명하다

□□□ 그 사람은 친절하지 않았습니다.

あの人は親切じゃありませんでした。

あの人は親切じゃありませんでした。

> ~では는 회화에서는 흔히 ~じゃ로 줄여서 말한다.
>
> 人(ひと) 사람
> 親切(しんせつ)だ 친절하다

□□□ 그 상가는 붐비지 않았습니까?

あの商店街は賑やかではありませんでしたか。

あの商店街は賑やかではありませんでしたか。

> 의문이나 질문을 할 때는 ~ではありませんでしたか로 표현한다.
>
> 商店街(しょうてんがい) 상가
> 賑(にぎ)やかだ 붐비다

UNIT 10 ~하지 않았습니다 | 65

□□□ 옛날에 이 공원은 깨끗하지 않았습니까?

昔、この公園は きれいじゃありませんでしたか。

昔(むかし) 옛날
公園(こうえん) 공원
きれいだ 깨끗하다

昔、この公園はきれいじゃありませんでしたか。

□□□ 역까지의 교통은 편리하지 않았습니까?

駅までの交通は 便利じゃありませんでした か。

駅(えき) 역
~までの ~까지의
交通(こうつう) 교통
便利(べんり)だ 편리하다

駅までの交通は便利じゃありませんでしたか。

A: あれは高(たか)いコートでしたか。

B: いいえ、高(たか)いコートではありませんでした。

A: 派手(はで)でしたか。

B: いいえ、派手(はで)ではありませんでした。地味(じみ)でした。

A: 그건 비싼 코트였습니까?
B: 아니오, 비싼 코트가 아니었습니다.
A: 화려했습니까?
B: 아니오, 화려하지 않았습니다. 수수했습니다.

高(たか)い (값이) 비싸다
コート 코트
いいえ 아니오(부정 대답)
派手(はで)だ 화려하다
地味(じみ)だ 수수하다

우리말 해석을 보고 빈칸에 알맞는 일본어를 써넣으세요.

01. 그 레스토랑 사람들은 친절합니다.
    あのレストランの人たちは □□□□ 。

02. 여기는 교통이 편리합니까?
    ここは交通が □□□□ か。

03. 상당히 깨끗한 공원이군요.
    なかなか □□□□ 公園ですね。

04. 상당히 조용한 아파트이군요.
    なかなか □□□ アパートですね。

05. 이 레스토랑은 조용하지 않습니다.
    このレストランは □□□□□□□□□ 。

06. 저 가수는 유명하지 않습니까?
    あの歌手は □□□□□□□□ か。

07. 거기는 교통이 불편했습니다.
    あそこは交通が □□□□□□ 。

08. 기무라 씨 아파트는 깨끗했습니까?
    木村さんのアパートは □□□□□ か。

09. 그 사람은 친절하지 않았습니다.
    あの人は親切じゃ □□□□□□□□ 。

10. 이 공원은 깨끗하지 않았습니까?
    この公園はきれいじゃ □□□□□□□ か。

▶ 우리말 대화문을 보고 밑줄에 일본어를 넣어 대화를 완성해보세요.

A: この公園は静かですか。
B: はい、_____

　A: 이 공원은 조용합니까?
　B: 네, 항상 조용합니다.

A: 交通も便利ですか。
B: はい、交通も_____

　A: 교통도 편합니까?
　B: 네, 교통도 상당히 편한 레스토랑입니다.

A: きれいですが、_____
B: ええ。ちょっとね。

　A: 예쁘지만, 좀 화려하지 않습니까?
　B: 예, 좀 그러네요.

A: 吉村さんの部屋は静かでしたか。
B: はい、_____

　A: 요시무라 씨 방은 조용했습니까?
　B: 네, 매우 조용했습니다.

A: あれは高いコートでしたか。
B: いいえ、高い_____

　A: 그건 비싼 코트였습니까?
　B: 아니오, 비싼 코트가 아니었습니다.

따라쓰기만 해도 혼자서 일본어를 할 수 있다!

독학, 일본어 초급 1
따라쓰기

PART 03

동사의 종류와 활용

기본형

정중형

동사의 종류

일본어 동사는 단독으로 술어가 되고, 사물의 동작이나 상태, 작용, 존재를 나타내며, 어미가 다른 말에 접속할 때 활용을 합니다. 그 특징을 보면 다음과 같습니다.

1. 일본어 동사는 우리말과 달리 의미로 분류하지 않고, 어미의 형태로 분류합니다.
2. 모든 동사의 어미는 う단으로 끝나며 9가지(う く ぐ す つ ぬ ぶ む る)가 있습니다.
3. 모든 동사가 규칙적으로 정격활용을 하고, 불규칙적으로 활용하는 변격동사는 2가지(くる 오다, する 하다) 뿐입니다.

1. 동사의 종류

1. 5단동사

5단동사는 어미가 う く ぐ す つ ぬ ぶ む る로 모두 9가지입니다.

泣く 울다	泳ぐ 헤엄치다	話す 이야기하다
買う 사다	待つ 기다리다	ある 있다
死ぬ 죽다	読む 읽다	遊ぶ 놀다

2. 1단동사

1단동사는 어미가 위의 5단동사와는 달리 る 하나뿐이며, 어미 바로 앞의 음절이 い단과 え단에 속한 것을 말합니다.

▶ る 바로 앞 음절이 い단에 속한 동사

見る 보다	起きる 일어나다	いる 있다
生きる 살다	似る 닮다	落ちる 떨어지다

▶ る 바로 앞 음절이 え단에 속한 동사

出る 나오다	開ける 열다	寝る 잠자다
食べる 먹다	閉める 닫다	分ける 나누다

NOTE

동사의 활용

3. 변격동사

앞서 본 5단동사나 1단동사처럼 정격활용을 하지 않고 변격동사 활용을 하는 동사는 아래 두 개뿐입니다.

来(く)る 오다   する 하다

2. 동사의 활용

1. 기본형

동사는 그 자체로 문장을 끝맺기도 하고, 뒤의 명사를 수식할 때도 기본형 상태를 취합니다. 우리말에서는 뒤에 명사가 오면 동사의 어미가 변하지만 일본어에서는 기본형 상태를 취합니다.

学校へ行く。 학교에 가다.   学校へ行く日 학교에 가는 날

2. 정중형

동사의 기본형은 보통체로 '~하다'의 뜻이지만, ます를 접속하면 '~합니다'의 뜻으로 동작이나 작용을 정중하게 표현합니다. 또한, 질문을 할 때는 종조사 か를 접속하면 됩니다.

기본형	의 미	부정형	의 미
行(い)く	가다	行きます	갑니다
泳(およ)ぐ	헤엄치다	泳ぎます	헤엄칩니다
待(ま)つ	기다리다	待ちます	기다립니다
乗(の)る	타다	乗ります	탑니다
言(い)う	말하다	言います	말합니다
読(よ)む	읽다	読みます	읽습니다
飛(と)ぶ	날다	飛びます	납니다
死(し)ぬ	죽다	死にます	죽습니다
話(はな)す	이야기하다	話します	이야기합니다
食(た)べる	먹다	食べます	먹습니다
来(く)る	오다	きます	옵니다
する	하다	します	합니다

UNIT 01 (5단동사)~き・ぎ・します

일본어 동사의 기본형 어미는 う단으로 끝나며, 9가지의 형태로 く ぐ う つ る ぬ ぶ む す가 있습니다. 동사의 종류는 어미의 형태에 따라 5단동사, 상1단동사, 하1단동사, 변격동사로 구분하는데 기본형 어미의 형태가 く ぐ う つ ぬ ぶ む す인 경우는 무조건 5단동사입니다. 여기서 어미가 く ぐ す인 5단동사에 ます가 접속할 때는 어미가 い단(き ぎ し)으로 변합니다.

□□□ 라디오 뉴스를 듣습니다.

ラジオのニュースを聞きます。

ラジオのニュースを聞きます。

> 동사의 어미가 -く인 경우는 -きます가 된다.
>
> ラジオ 라디오
> ニュース 뉴스
> ~を ~을(를)
> 聞(き)く 듣다

□□□ 도서관에서 리포트를 씁니다.

図書館でレポートを書きます。

図書館でレポートを書きます。

> 동작이 행해지는 장소를 나타낼 때는 조사 で를 쓴다.
>
> 図書館(としょかん) 도서관
> ~で ~에서(장소)
> レポート 리포트
> 書(か)く 쓰다

□□□ 여름에는 바다에서 헤엄칩니다.

夏は海で泳ぎます。

夏は海で泳ぎます。

> 동사의 어미가 -ぐ인 경우는 -ぎます가 된다.
>
> 夏(なつ) 여름
> 海(うみ) 바다
> ~で ~에서(장소)
> 泳(およ)ぐ 헤엄치다

□□□ 겉옷을 벗겠습니까?

上着を脱ぎますか。

上着を脱ぎますか。

> 의문이나 질문을 할 때는 -ませんか로 표현한다.
>
> 上着(うわぎ) 겉옷
> 脱(ぬ)ぐ 벗다

□□□ 친구에게 그림엽서를 부칩니다.

友だちにえはがきを出します。

友だちにえはがきを出します。

동사의 어미가 -す인 경우는 -します가 된다.

友(とも)だち 친구
~に ~에게(상대)
えはがき(絵葉書) 그림엽서
出(だ)す 내다, 부치다

□□□ 당신은 일본어로 말합니까?

あなたは日本語で話しますか。

あなたは日本語で話しますか。

조사 で는 수단이나 방법을 나타낼 때는 '~으로'의 뜻이다.

日本語(にほんご) 일본어
~で ~으로(수단, 방법)
話(はな)す 이야기하다

A: このバスはどこへ行きますか。
B: このバスは動物園へ行きます。
A: あの電車も動物園へ行きますか。
B: はい、あの電車も動物園へ行きます。

A: 이 버스는 어디에 갑니까?
B: 이 버스는 동물원에 갑니다.
A: 저 전철도 동물원에 갑니까?
B: 네, 저 전철도 동물원에 갑니다.

진행하는 방향을 나타낼 때 쓰이는 조사 ヘ는 '헤'로 발음하지 않고 '에'로 발음한다.

バス 버스
どこ 어디
~へ ~에, ~으로
行(い)く 가다
動物園(どうぶつえん) 동물원
電車(でんしゃ) 전철
~も ~도

UNIT 02 (5단동사)~い・ち・ります

일본어 동사의 기본형 어미는 う단으로 끝나며, 기본형 어미의 형태가 く ぐ う つ ぬ ぶ む す인 경우는 무조건 5단동사입니다. 5단동사 중 어미가 う つ る인 5단동사에 ます가 접속할 때는 어미가 い단(い ち り)으로 변합니다. ます는 です와 마찬가지로 정중한 뜻을 나타내며, 동사에 접속하여 우리말의 '~ㅂ니다'의 뜻을 나타냅니다. 질문할 때는 종조사 か를 접속합니다.

□□□ 일본어 노래를 부릅니다.

日本語の歌を歌います。

日本語の歌を歌います。

> 동사의 어미가 -う인 경우는 -います가 된다.

日本語(にほんご) 일본어
歌(うた) 노래
~を ~을(를)
歌(うた)う 노래하다

□□□ 자신의 의견을 말합니다.

自分の意見を言います。

自分の意見を言います。

自分(じぶん) 자기, 자신
意見(いけん) 의견
言(い)う 말하다

□□□ 키보드를 칩니다.

キーボードを打ちます。

キーボードを打ちます。

> 동사의 어미가 -つ인 경우는 -ちます가 된다.

キーボード 키보드
打(う)つ 치다

□□□ 당신은 어디에서 기다리겠습니까?

あなたはどこで待ちますか。

あなたはどこで待ちますか。

> 의문이나 질문을 할 때는 -ませんか로 표현한다.

あなた 당신
どこで 어디에서
待(ま)つ 기다리다

UNIT 02 ~합니다 | 75

□□□ 내 책은 가방 속에 있습니다.

わたしの本はかばんの中に**あります**。

わたしの本はかばんの中にあります。

> 5단동사의 어미가 -る인 경우는 -り ます가 된다.

本(ほん) 책
かばん 가방
中(なか) 안, 속
~に ~에(존재의 장소)
ある 있다

□□□ 회사까지 버스를 탑니다.

会社までバスに**乗ります**。

会社までバスに乗ります。

> **バスに乗る** 버스를 타다

会社(かいしゃ) 회사
~まで ~까지
バス 버스
乗(の)**る** 타다

A: 会社までバスに乗ります。あなたは?
B: わたしは電車に乗ります。
A: あなたの会社は遠いですか。
B: いいえ、あまり遠くありません。

A: 회사까지 버스를 탑니다. 당신은요?
B: 저는 전철을 탑니다.
A: 당신 회사는 멉니까?
B: 아니오, 그다지 멀지 않습니다.

会社(かいしゃ) 회사
~まで ~까지
バス 버스
~に乗(の)**る** ~을(를) 타다
電車(でんしゃ) 전철
あなた 당신
遠(とお)**い** 멀다
いいえ 아니오(부정 대답)
あまり 그다지, 별로

UNIT 03 (5단동사)~に・み・びます

일본어 동사의 기본형 어미는 う단으로 끝나며, 기본형 어미의 형태가 く ぐ う つ ぬ ぶ む す인 경우는 무조건 5단동사입니다. 어미가 ぬ む ぶ인 5단동사에 ます가 접속할 때는 어미가 い단(に み び)으로 변합니다. ます는 단정을 나타내는 です와 마찬가지로 정중체입니다. 또한 を는 우리말의 '~을(를)'의 해당하는 조사로 동작의 목적을 나타냅니다.

□□□ 사람은 언젠가는 죽습니다.

人はいつかは死にます。

人はいつかは死にます。

> 동사의 어미가 -ぬ인 경우는 -にます가 된다.

人(ひと) 사람
いつか 언젠가
~は ~은(는)
死(し)ぬ 죽다

□□□ 매일 아침 신문을 읽습니다.

毎朝、新聞を読みます。

毎朝、新聞を読みます。

> 동사의 어미가 -む인 경우는 -みます가 된다.

毎朝(まいあさ) 매일 아침
新聞(しんぶん) 신문
読(よ)む 읽다

□□□ 당신은 술을 마십니까?

あなたはお酒を飲みますか。

あなたはお酒を飲みますか。

> 의문이나 질문을 할 때는 -ませんか로 표현한다.

あなた 당신
お酒(さけ) 술
飲(の)む 마시다

□□□ 오늘은 회사를 쉽니까?

今日は会社を休みますか。

今日は会社を休みますか。

今日(きょう) 오늘
会社(かいしゃ) 회사
休(やす)む 쉬다

□□□ 어머니가 어린이를 부릅니다.
お母さんが子供を呼びます。
お母さんが子供を呼びます。

> 동사의 어미가 -ぶ인 경우는 -びます가 된다.

お母(かあ)さん 어머니
子供(こども) 어린이
呼(よ)ぶ 부르다

□□□ 새가 하늘을 납니다.
鳥が空を飛びます。
鳥が空を飛びます。

鳥(とり) 새
空(そら) 하늘
飛(と)ぶ 날다

A: いらっしゃいませ。
B: 何を飲みますか。
A: わたしはコーヒー。あなたは?
B: わたしも。それからケーキもお願いします。

A: 어서 오십시오.
B: 무엇을 마실래요?
A: 나는 커피. 당신은요?
B: 나도. 그리고 케이크도 부탁해요.

> いらっしゃいませ는 '어서오세요'의 뜻으로 환영할 때 쓰이는 인사말이다.

何(なに) 무엇
飲(の)む 마시다
コーヒー 커피
わたしも 나도
それから 그리고 나서
ケーキ 케이크
お願いします 부탁드립니다

UNIT 04 (1단동사)~ます

어미가 る로 끝나는 1단동사(어미 る 바로 앞 음절이 い단이나 え단에 속한 것)에 정중한 뜻을 나타내는 ます가 접속할 때는 어미 る가 탈락됩니다. 5단동사의 る는 ます가 접속할 때 り로 변하지만 1단동사의 경우는 る만 떼면 됩니다. 여기서 조사 に는 때를 나타내며 우리말의 '~에'에, 조사 で는 동작이 행해지는 장소를 나타내며 우리말의 '~에서'에 해당합니다.

☐☐☐ 오늘은 새 옷을 입습니다.

今日は新しい洋服を着ます。

今日は新しい洋服を着ます。

> 어미가 る로 끝나는 1단동사에 ます가 접속할 때는 る가 탈락된다.

今日(きょう) 오늘
新(あたら)しい 새롭다
洋服(ようふく) (서양)옷
着(き)る 입다

☐☐☐ 당신은 몇 시에 일어납니까?

あなたは何時に起きますか。

あなたは何時に起きますか。

> 의문이나 질문을 할 때는 -ますか로 표현한다.

あなた 당신
何時(なんじ) 몇 시
~に ~에(때를 나타냄)
起(お)きる 일어나다

☐☐☐ 당신은 텔레비전 드라마를 봅니까?

あなたはテレビのドラマを見ますか。

あなたはテレビのドラマを見ますか。

テレビ 텔레비전
ドラマ 드라마
見(み)る 보다

☐☐☐ 당신은 밤늦게 잡니까?

あなたは夜遅く寝ますか。

あなたは夜遅く寝ますか。

夜遅(よるおそ)く 밤늦게
寝(ね)る 자다

UNIT 04 ～します | 79

□□□ 아침에는 빵을 먹습니다.

朝はパンを食べます。

朝はパンを食べます。

朝(あさ) 아침
パン 빵
食(た)べる 먹다

□□□ 그는 학교에서 영어를 가르칩니다.

かれは学校で英語を教えます。

かれは学校で英語を教えます。

동작이 행해지는 장소를 나타낼 때는 で를 쓴다.

かれ(彼) 그, 그이
学校(がっこう) 학교
~で ~에서
英語(えいご) 영어
教(おし)える 가르치다

A: あなたは朝何時に起きますか。

B: わたしは朝7時に起きます。

A: テレビのニュースも見ますか。

B: はい、毎朝ニュースを見ます。

A: 당신은 아침 몇 시에 일어납니까?
B: 저는 아침 7시에 일어납니다.
A: 텔레비전 뉴스도 봅니까?
B: 네, 매일 아침 뉴스를 봅니다.

朝(あさ) 아침
何時(なんじ) 몇 시
起(お)きる 일어나다
7時(しちじ) 7시
テレビ 텔레비전
ニュース 뉴스
~も ~도
見(み)る 보다
毎朝(まいあさ) 매일 아침

UNIT 05 (변격·예외동사)~ます

어미에 다른 활용어가 접속할 때 정격동사는 어간이 변하지 않지만, 변격동사인 くる(오다)와 する(하다)에 ます가 접속할 때는 어미 る가 탈락되고 어간이 き し로 변합니다. 이처럼 각기 접속하는 말에 따라 어간과 어미가 다르게 변하므로 그때그때 암기해 두어야 합니다. 조사 が는 동작의 주체를 나타낼 때 쓰이는 조사로 우리말의 '~이(가)'에 해당합니다.

□□□ 오늘은 일본에서 기무라 씨가 옵니다.

今日は日本から木村さんが来ます。

今日は日本から木村さんが来ます。

> 변격동사 くる(오다)는 어간이 변하여 きます가 된다.
>
> 今日(きょう) 오늘
> 日本(にほん) 일본
> ~から ~에서(부터)
> ~さん ~씨
> 来(く)る 오다

□□□ 내일은 누가 옵니까?

あしたはだれが来ますか。

あしたはだれが来ますか。

> 의문이나 질문을 할 때는 -ませんか로 표현한다.
>
> あした 내일
> だれ(誰) 누구
> ~が ~이(가)
> 来(く)る 오다

□□□ 나는 매일 공부를 합니다.

わたしは毎日勉強をします。

わたしは毎日勉強をします。

> 변격동사 する(하다)는 어간이 변하여 します가 된다.
>
> わたし 나, 저
> 毎日(まいにち) 매일
> 勉強(べんきょう) 공부
> する 하다

□□□ 누구와 골프를 합니다.

だれとゴルフをしますか。

だれとゴルフをしますか。

> 어간이 변하는 변격동사는 くる(오다)와 する(오다) 두 개뿐이다.
>
> だれ(誰) 누구
> ゴルフ 골프
> する 하다

□□□ 당신은 몇 시에 집에 돌아옵니까?

あなたは何時に家に帰りますか。

あなたは何時に家に帰りますか。

형태상 1단동사인 帰(かえ)る는 예외동사로 5단동사처럼 활용을 하여 帰ります가 된다.

何時(なんじ)に 몇 시에(시간)
家(いえ)に 집에(방향)
帰(かえ)る 돌아가다(오다)

□□□ 곧 전철이 들어옵니다.

間もなく電車が入ります。

間もなく電車が入ります。

형태상 1단동사인 入(はい)る는 예외동사로 5단동사처럼 활용을 하여 入ります가 된다.

間(ま)もなく 곧, 머지않아
電車(でんしゃ) 전철
入(はい)る 들어오다(가다)

A: あす、だれか来ますか。

B: はい、日本から木村さんが来ます。

A: 木村さんとゴルフもしますか。

B: はい、ゴルフをします。

A: 내일, 누군가 옵니까?
B: 네, 일본에서 기무라 씨가 옵니다.
A: 기무라 씨와 골프도 합니까?
B: 네, 골프를 합니다.

あす 내일
だれ(誰) 누구
来(く)る 오다
日本(にほん) 일본
ゴルフ 골프
~も ~도
する 하다

우리말 해석을 보고 빈칸에 알맞는 일본어를 써넣으세요.

01. 라디오 뉴스를 듣습니다.
    ラジオのニュースを ☐☐☐☐ 。

02. 당신은 일본어로 말합니까?
    あなたは日本語で ☐☐☐☐ か。

03. 자신의 의견을 말합니다.
    自分の意見を ☐☐☐☐ 。

04. 당신은 어디에서 기다리겠습니까?
    あなたはどこで ☐☐☐☐ か。

05. 당신은 술을 마십니까?
    あなたはお酒を ☐☐☐☐ か。

06. 어머니가 어린이를 부릅니다.
    お母さんが子供を ☐☐☐☐ 。

07. 당신은 텔레비전 드라마를 봅니까?
    あなたはテレビのドラマを ☐☐☐ か。

08. 아침에는 빵을 먹습니다.
    朝はパンを ☐☐☐☐ 。

09. 오늘은 일본에서 기무라 씨가 옵니다.
    今日は日本から木村さんが ☐☐☐ 。

10. 당나는 매일 공부를 합니다.
    わたしは毎日勉強を ☐☐☐ 。

우리말 대화문을 보고 밑줄에 일본어를 넣어 대화를 완성해보세요.

A: このバスは_____
B: このバスは動物園へ行きます。

A: 이 버스는 어디에 갑니까?
B: 이 버스는 동물원에 갑니다.

A: 会社までバスに乗ります。あなたは?
B: わたしは_____

A: 회사까지 버스를 탑니다. 당신은요?
B: 저는 전철을 탑니다.

A: 何を_____
B: わたしはコーヒー。あなたは?

A: 무엇을 마실래요?
B: 나는 커피. 당신은요?

A: あなたは_____
B: きわたしは朝7時に起きます。

A: 당신은 아침 몇 시에 일어납니까?
B: 저는 아침 7시에 일어납니다.

A: 木村さんと_____
B: はい、ゴルフをします。

A: 기무라 씨와 골프도 합니까?
B: 네, 골프를 합니다.

UNIT 06 (5단동사)~き·ぎ·しません

기본형 어미의 형태가 く ぐ う つ ぬ ぶ む す인 경우는 무조건 5단동사입니다. 여기서 어미가 く ぐ す인 5단동사에 ます의 부정형인 ません이 접속할 때는 어미가 い단(き ぎ し)으로 변하며 '~하지 않습니다'의 뜻을 나타냅니다. へ는 방향을 나타낼 때 쓰이는 조사로 우리말의 '~에(으로)'에 해당하며, へ가 조사로 쓰일 때는 '헤'가 아니라 '에'로 발음해야 합니다.

□□□ 그는 라디오 뉴스를 듣지 않습니다.

彼はラジオのニュースを聞きません。

彼はラジオのニュースを聞きません。

> 동사의 어미가 -く인 경우는 -きません이 된다.
>
> 彼(かれ) 그, 그이
> ラジオ 라디오
> ニュース 뉴스
> 聞(き)く 듣다

□□□ 오늘은 도서관에서 리포트를 쓰지 않습니다.

今日は図書館でレポートを書きません。

今日は図書館でレポートを書きません。

> 今日(きょう) 오늘
> 図書館(としょかん) 도서관
> ~で ~에서(장소)
> レポート 리포트
> 書(か)く 쓰다, 적다

□□□ 여름에는 바다에서 헤엄치지 않습니다.

夏は海で泳ぎません。

夏は海で泳ぎません。

> 동사의 어미가 -ぐ인 경우는 -ぎません이 된다.
>
> 夏(なつ) 여름
> 海(うみ) 바다
> ~で ~에서(장소)
> 泳(およ)ぐ 헤엄치다

□□□ 겉옷을 벗지 않겠습니까?

上着を脱ぎませんか。

上着を脱ぎませんか。

> 의문이나 질문을 할 때는 -ませんか로 표현한다.
>
> 上着(うわぎ) 겉옷
> ~を ~을(를)
> 脱(ぬ)ぐ 벗다

UNIT 06 ~하지 않습니다 | 85

☐☐☐ 친구에게 그림엽서를 부치지 않습니다.

友だちにえはがきを出しません。

友だちにえはがきを出しません。

> 동사의 어미가 -す인 경우는 -しません이 된다.

友(とも)だち 친구
~に ~에게(대상)
えはがき(絵葉書) 그림엽서
出(だ)す 부치다, 내다

☐☐☐ 당신은 일본어로 말하지 않습니까?

あなたは日本語で話しませんか。

あなたは日本語で話しませんか。

あなた 당신
日本語(にほんご) 일본어
~で ~으로(수단, 방법)
話(はな)す 이야기하다

A: あなたはラジオを聞きますか。

B: いいえ、ラジオは聞きません。

A: では、音楽も聞きませんか。

B: いいえ、スマートホンで音楽を聞きます。

A: 당신은 라디오를 듣습니까?
B: 아니오, 라디오는 듣지 않습니다.
A: 그럼, 음악도 듣지 않습니까?
B: 아니오, 스마트폰으로 음악을 듣습니다.

ラジオ 라디오
聞(き)く 듣다
では 그럼
音楽(おんがく) 음악
スマートホン 스마트폰
~で ~으로(수단, 방법)

UNIT 07 (5단동사)~い·ち·りません

동사의 기본형 어미는 う단으로 끝나며, 기본형 어미의 형태가 く ぐ う つ ぬ ぶ む す인 경우는 무조건 5단동사입니다. 5단동사 중 어미가 う つ る인 5단동사에 ます의 부정형인 ません이 접속할 때는 어미가 い단(い ち り)으로 변하며 '~하지 않습니다'의 뜻을 나타냅니다. '~을 타다'라고 할 때는 조사 を를 쓰지 않고 타는 것의 대상물 뒤에 ~に乗る로 표현합니다.

□□□ 일본어 노래를 부르지 않습니다.

日本語の歌を歌いません。

日本語の歌を歌いません。

> 동사의 어미가 -う인 경우는 -いません이 된다.
>
> 日本語(にほんご) 일본어
> 歌(うた) 노래
> ~を ~을(를)
> 歌(うた)う 노래하다

□□□ 백화점에서는 아무 것도 사지 않습니까?

デパートでは何も買いませんか。

デパートでは何も買いませんか。

> 의문이나 질문을 할 때는 -ませんか로 표현한다.
>
> デパート 백화점
> 何(なに)も 아무것도
> 買(か)う 사다

□□□ 키보드를 치지 않습니다.

キーボードを打ちません。

キーボードを打ちません。

> 동사의 어미가 -つ인 경우는 -ちません이 된다.
>
> キーボード 키보드
> 打(う)つ 치다

□□□ 나는 역전에서 기다리지 않겠습니다.

わたしは駅前で待ちません。

わたしは駅前で待ちません。

> わたし 나, 저
> 駅前(えきまえ) 역전
> ~で ~에서(장소)
> 待(ま)つ 기다리다

UNIT 07 ～하지 않습니다

□□□ 내 책은 가방 속에 없습니다.

わたしの本はかばんの中に**ありません**。

わたしの本はかばんの中にありません。

💬 동사의 어미가 -る인 경우는 **-りません**이 된다.

📋
本(ほん) 책
かばん 가방
中(なか) 안, 속
ある 있다

□□□ 회사까지 버스를 타지 않습니다.

会社までバスに**乗りません**。

会社までバスに乗りません。

💬 뭔가를 탈 때는 그 대상에 조사 を(을)를 쓰지 않고 に를 쓴다.

📋
会社(かいしゃ) 회사
~まで ~까지
バス 버스
~に乗(の)**る** ~을(를) 타다

A: この日本語の意味がわかりますか。

B: いいえ、全然わかりません。

A: 日本語の歌も歌いますか。

B: いいえ、日本語の歌は歌いません。

A: 이 노래의 일본어 뜻을 알겠습니까?
B: 아니오, 전혀 모르겠습니다.
A: 일본어 노래도 부릅니까?
B: 아니오, 일본어 노래는 부르지 않습니다.

📋
日本語(にほんご) 일본어
意味(いみ) 의미, 뜻
わかる 알다, 알 수 있다
全然(ぜんぜん) 전혀
~も ~도
歌を歌う 노래를 부르다

UNIT 08 (5단동사)~に・み・びません

5단동사 중 어미의 형태가 ぬ む ぶ인 경우에 정중한 뜻을 나타내는 ます의 부정형 ません이 접속할 때도 어미가 い단(に み び)으로 변하여 '~하지 않습니다'의 뜻을 나타냅니다. 일본어 동사에 접속하는 ます는 '~합니다'의 뜻 이외에 '~하겠습니다' 뜻으로 동작의 의지를 나타내기도 합니다. ません도 마찬가지로 '~하지 않겠습니다'의 뜻을 나타내기도 합니다.

□□□ 저 고목은 좀처럼 죽지 않습니다.

あの枯木はなかなか死にません。

あの枯木はなかなか死にません。

> 동사의 어미가 -ぬ인 경우는 -にません이 된다.

あの 저
枯木(こぼく) 고목
なかなか 좀처럼, 상당히, 꽤
死(し)ぬ 죽다

□□□ 매일 아침 신문을 읽지 않습니다.

毎朝、新聞を読みません。

毎朝、新聞を読みません。

> 동사의 어미가 -む인 경우는 -みません이 된다.

毎朝(まいあさ) 매일 아침
新聞(しんぶん) 신문
~を ~을(를)
読(よ)む 읽다

□□□ 당신은 술을 마시지 않습니까?

あなたはお酒を飲みませんか。

あなたはお酒を飲みませんか。

> 의문이나 질문을 할 때는 -ませんか로 표현한다.

あなた 당신
お酒(さけ) 술
飲(の)む 마시다

□□□ 내일 회사는 쉬지 않습니까?

あした会社は休みませんか。

あした会社は休みませんか。

あした 내일
会社(かいしゃ) 회사
休(やす)む 쉬다

□□□ 어머니가 아이와 놀지 않습니다.

お母さんが子供と遊びません。

お母さんが子供と遊びません。

> 동사의 어미가 -ぶ인 경우는 -びません이 된다.

お母(かあ)さん 어머니
~が ~이(가) *주격
子供(こども) 어린이
~と ~와(과)
遊(あそ)ぶ 놀다

□□□ 저 새는 하늘을 날지 않습니다.

あの鳥は空を飛びません。

あの鳥は空を飛びません。

あの 저
鳥(とり) 새
空(そら) 하늘
飛(と)ぶ 날다

A: 今日はなかなか暑いですね。

B: ええ、きのうより暑いですね。

A: 冷たいコーラを飲みませんか。

B: いいえ、わたしは熱いコーヒーを飲みます。

A: 오늘은 상당히 덥군요.
B: 예, 어제보다 덥군요.
A: 차가운 콜라를 마시지 않겠습니까?
B: 아니오, 저는 뜨거운 커피를 마시겠습니다.

> ね는 문장 끝에 가벼운 감동을 나타내거나, 상대에게 동의를 구하거나, 다짐하는 데 쓰인다.

今日(きょう) 오늘
暑(あつ)い 덥다
ええ 예(가벼운 응답)
きのう 어제
~より ~보다(비교)
冷(つめ)たい 차갑다
コーラ 콜라
飲(の)む 마시다
熱(あつ)い 뜨겁다
コーヒー 커피

UNIT 09 (1단동사)~ません

어미가 る로 끝나는 1단동사(어미 る 바로 앞 음절이 い단이나 え단에 속한 것)에 ます의 부정형 ません이 접속할 때도 어미 る가 탈락되어 '~하지 않습니다' 또는 '~하지 않겠습니다'의 뜻을 나타냅니다. 여기서 朝早く(아침 일찍)나 夜遅く(밤늦게)처럼 형용사 早い(이르다)와 遅い(늦다)가 부사적으로 쓰일 때는 형용사 어미 い가 く로 바뀝니다.

□□□ 오늘은 새 옷을 입지 않습니다.

今日は新しい洋服を着ません。

今日は新しい洋服を着ません。

> 1단동사에 -ません이 접속할 때는 어미 る가 탈락된다.

今日(きょう) 오늘
新(あたら)しい 새롭다
洋服(ようふく) (서양) 옷
着(き)る 입다

□□□ 당신은 아침 일찍 일어나지 않습니까?

あなたは朝早く起きませんか。

あなたは朝早く起きませんか。

> 의문이나 질문을 할 때는 -ませんか로 표현한다.

あなた 당신
朝早(あさはや)く 아침 일찍
起(お)きる 일어나다

□□□ 당신은 텔레비전 드라마를 보지 않습니까?

あなたはテレビのドラマを見ませんか。

あなたはテレビのドラマを見ませんか。

テレビ 텔레비전
ドラマ 드라마
見(み)る 보다

□□□ 당신은 밤늦게까지 자지 않습니까?

あなたは夜遅くまで寝ませんか。

あなたは夜遅くまで寝ませんか。

夜遅(よるおそ)く 밤늦게
~まで ~까지
寝(ね)る 자다

□□□ 아침에는 빵을 먹지 않습니다.

朝はパンを食べません。

朝はパンを食べません。

朝(あさ) 아침
パン 빵
食(た)べる 먹다

□□□ 그는 학교에서 영어를 가르치지 않습니다.

彼は学校で英語を教えません。

彼は学校で英語を教えません。

彼(かれ) 그, 그이
学校(がっこう) 학교
~で ~에서(장소)
英語(えいご) 영어
教(おし)える 가르치다

A: あなたは朝早く起きますか。

B: いいえ、朝早く起きません。8時に起きます。

A: 朝は何も食べませんか。

B: いいえ、ミルクとパンを食べます。

A: 당신은 아침 일찍 일어납니까?
B: 아니오, 아침 일찍 일어나지 않습니다. 8시에 일어납니다.
A: 아침은 아무 것도 먹지 않습니까?
B: 아니오, 우유와 빵을 먹습니다.

朝早(あさはや)く 아침 일찍
起(お)きる 일어나다
8時(はちじ) 8시
朝(あさ) 아침
何(なに)も 아무것도
食(た)べる 먹다
ミルク 밀크
~と ~와(과)
パン 빵

UNIT 10 (변격·예외동사)~ません

어미에 다른 활용어가 접속할 때 정격동사는 어간이 변하지 않지만, 변격동사인 くる(오다)와 する(하다)에 ます의 부정형인 ません이 접속할 때도 어미 る가 탈락되고 어간이 き し로 변하여 '오지 않습니다'와 '하지 않습니다'의 뜻으로 부정을 나타냅니다. 이처럼 각기 접속하는 말에 따라 어간과 어미가 다르게 변하므로 그때그때 암기해 두어야 합니다.

□□□ 일본에서 기무라 씨는 오지 않습니다.

日本から木村さんは来ません。

日本から木村さんは来ません。

> 변격동사 くる(오다)는 어간이 변해 きません이 된다.

日本(にほん) 일본
木村(きむら)さん 기무라 씨
~さん ~씨
来(く)る 오다

□□□ 내일은 누군가 오지 않습니까?

あしたはだれか来ませんか。

あしたはだれか来ませんか。

> 의문이나 질문을 할 때는 -ませんか로 표현한다.

あした 내일
だれ(誰)か 누군가

□□□ 나는 매일 공부를 하지 않습니다.

わたしは毎日勉強をしません。

わたしは毎日勉強をしません。

> 변격동사 する(하다)는 어간이 변해 しません이 된다.

わたし 나, 저
毎日(まいにち) 매일
勉強(べんきょう) 공부
する 하다

□□□ 오늘은 골프를 하지 않습니까?

今日はゴルフをしませんか。

今日はゴルフをしませんか。

今日(きょう) 오늘
ゴルフ 골프

☐☐☐ 오늘은 집에 돌아가지 않습니까?

今日は家に帰りませんか。

今日は家に帰りませんか。

💬 예외동사 帰(かえ)る는 帰ります로 5단동사 활용을 한다.

今日(きょう) 오늘
家(いえ) 집
~に ~에(방향)
帰(かえ)る 돌아가다(오다)

☐☐☐ 나는 그 클럽에 들어가지 않겠습니다.

わたしはあのクラブに入りません。

わたしはあのクラブに入りません。

💬 예외동사 入(はい)る는 入ります로 5단동사 활용을 한다.

わたし 나, 저
あの 그(서로 알고 있을 때)
クラブ 클럽
~に ~에(방향)
入(はい)る 들어오다(가다)

A: 今日、だれが来ますか。

B: 木村さんが来ます。

A: 田中さんも来ますか。

B: いいえ、田中さんは来ません。

A: 오늘 누가 옵니까?
B: 기무라 씨가 옵니다.
A: 다나카 씨도 옵니까?
B: 아니오, 다나카 씨는 오지 않습니다.

今日(きょう) 오늘
だれ(誰)が 누가
来(く)る 오다
木村(きむら)さん 기무라 씨
~さん ~씨
田中(たなか)さん 다나카 씨
いいえ 아니오

▎우리말 해석을 보고 빈칸에 알맞은 일본어를 써넣으세요.

01. 오늘은 도서관에서 리포트를 쓰지 않습니다.

今日は図書館でレポートを □□□□□。

02. 당신은 일본어로 말하지 않습니까?

あなたは日本語で □□□□□ か。

03. 백화점에서는 아무 것도 사지 않습니까?

デパートでは何も □□□□□ か。

04. 회사까지 버스를 타지 않습니다.

会社までバスに □□□□□。

05. 저 고목은 좀처럼 죽지 않습니다.

あの枯木はなかなか □□□□□。

06. 저 새는 하늘을 날지 않습니다.

あの鳥は空を □□□□□。

07. 오늘은 새 옷을 입지 않습니다.

今日は新しい洋服を □□□□。

08. 당신은 밤늦게까지 자지 않습니까?

あなたは夜遅くまで □□□□ か。

09. 나는 매일 공부를 하지 않습니다.

わたしは毎日勉強を □□□□。

10. 나는 그 클럽에 들어가지 않겠습니다.

わたしはあのクラブに □□□□□。

우리말 대화문을 보고 밑줄에 일본어를 넣어 대화를 완성해보세요.

A: あなたはラジオを聞きますか。
B: いいえ、_____

    A: 당신은 라디오를 듣습니까?
    B: 아니오, 라디오는 듣지 않습니다.

A: 日本語の歌も歌いますか。
B: いいえ、_____

    A: 일본어 노래도 부릅니까?
    B: 아니오, 일본어 노래는 부르지 않습니다.

A: 冷たい_____
B: いいえ、わたしは熱いコーヒーを飲みます。

    A: 차가운 콜라를 마시지 않겠습니까?
    B: 아니오, 저는 뜨거운 커피를 마시겠습니다.

A: 朝は_____
B: いいえ、ミルクとパンを食べます。

    A: 아침은 아무 것도 먹지 않습니까?
    B: 아니오, 우유와 빵을 먹습니다

A: 田中さんも来ますか。
B: いいえ、_____

    A: 다나카 씨도 옵니까?
    B: 아니오, 다나카 씨는 오지 않습니다.

UNIT 11 (5단동사)~き・ぎ・しました

기본형 어미의 형태가 く ぐ う つ ぬ ぶ む す인 경우는 무조건 5단동사로, 어미가 く ぐ す인 5단동사에 ます의 과거형인 ました가 접속할 때도 어미가 い단(き ぎ し)으로 변하며 '~했습니다'의 뜻으로 과거나 완료를 나타냅니다. 조사 で는 동작이 행해지는 장소를 나타낼 때는 '~에서'의 뜻이 되며, 수단이나 방법을 나타낼 때는 '~으로'의 뜻이 됩니다.

□□□ 라디오 뉴스를 들었습니다.

ラジオのニュースを聞きました。

ラジオのニュースを聞きました。

> 동사의 어미가 -く인 경우는 -きました가 된다.
>
> ラジオ 라디오
> ニュース 뉴스
> 聞(き)く 듣다

□□□ 도서관에서 리포트를 썼습니다.

図書館でレポートを書きました。

図書館でレポートを書きました。

> 図書館(としょかん) 도서관
> ~で ~에서(장소)
> レポート 리포트
> 書(か)く 쓰다

□□□ 여름에는 바다에서 헤엄쳤습니다.

夏は海で泳ぎました。

夏は海で泳ぎました。

> 동사의 어미가 -ぐ인 경우는 -ぎました가 된다.
>
> 夏(なつ) 여름
> 海(うみ)で 바다에서
> 泳(およ)ぐ 헤엄치다

□□□ 방 안에서 겉옷을 벗었습니까?

部屋の中で上着を脱ぎましたか。

部屋の中で上着を脱ぎましたか。

> 의문이나 질문을 할 때는 -ましたか로 표현한다.
>
> 部屋(へや) 방
> 中(なか)で 안에서
> 上着(うわぎ) 겉옷
> 脱(ぬ)ぐ 벗다

UNIT 11 ～했습니다 | 97

□□□ 친구에게 그림엽서를 부쳤습니다.

友だちにえはがきを出しました。

友だちにえはがきを出しました。

> 동사의 어미가 -す인 경우는 -しました가 된다.

友(とも)だち 친구
~に ~에게(대상)
えはがき(絵葉書) 그림엽서
出(だ)す 내다, 부치다

□□□ 당신은 일본어로 말했습니까?

あなたは日本語で話しましたか。

あなたは日本語で話しましたか。

あなた 당신
日本語(にほんご)で 일본어로
話(はな)す 이야기하다

A: きのう、どこへ行きましたか。

B: 京都と奈良へ行きました。

A: 何で行きましたか。

B: 新幹線で友達と行きました。

A: 어제 어디에 갔습니까?
B: 교토와 나라에 갔습니다.
A: 무엇으로 갔습니까?
B: 신칸센으로 친구와 갔습니다.

きのう 어제
どこ 어디
~へ ~에(진행 방향)
行(い)く 가다
京都(きょうと) 쿄토(지명)
奈良(なら) 나라(지명)
何(なに)で 무엇으로
新幹線(しんかんせん) 신칸센 (고속열차)
友達(ともだち) 친구
~と ~와(과)

UNIT 12 (5단동사)~い·ち·りました

동사의 기본형 어미는 う단으로 끝나며, 기본형 어미의 형태가 く ぐ う つ ぬ ぶ む す인 경우는 무조건 5단동사입니다. 5단동사 중 어미가 う つ る인 5단동사에 ます의 과거형인 ました가 접속할 때도 어미가 い단(い ち り)으로 변하며 '~했습니다'의 뜻으로 과거나 완료를 나타냅니다. まで는 '~까지'의 뜻으로 から(부터)와 함께 시작과 끝을 나타냅니다.

□□□ 일본어 노래를 불렀습니다.

日本語の歌を歌いました。

日本語の歌を歌いました。

> 동사의 어미가 -う인 경우는 -いました가 된다.

日本語(にほんご) 일본어
歌(うた) 노래
~を ~을(를)
歌(うた)う 노래하다

□□□ 자신의 의견을 말했습니다.

自分の意見を言いました。

自分の意見を言いました。

自分(じぶん) 자기, 자신
意見(いけん) 의견
言(い)う 말하다

□□□ 키보드를 쳤습니다.

キーボードを打ちました。

キーボードを打ちました。

> 동사의 어미가 -つ인 경우는 -ちました가 된다.

キーボード 키보드
打(う)つ 치다

□□□ 당신은 어디에서 기다렸습니까?

あなたはどこで待ちましたか。

あなたはどこで待ちましたか。

> 의문이나 질문을 할 때는 -ましたか로 표현한다.

あなた 당신
どこで 어디에서
待(ま)つ 기다리다

UNIT 12 ~했습니다 | 99

☐☐☐ 내 책은 가방 속에 있었습니다.

わたしの本はかばんの中にありました。

わたしの本はかばんの中にありました。

> 동사의 어미가 -る인 경우는 -りました가 된다.

本(ほん) 책
かばん 가방
中(なか) 안, 속
ある 있다

☐☐☐ 회사까지 버스를 탔습니다.

会社までバスに乗りました。

会社までバスに乗りました。

会社(かいしゃ) 회사
~まで ~까지
バス 버스
~に乗(の)る ~을 타다

A: 今日、東京は雨が降りましたか。

B: はい、雨が降りました。

A: デパートで何を買いましたか。

B: シャツとズボンを買いました。

A: 오늘 도쿄는 비가 내렸습니까?
B: 네, 비가 내렸습니다.
A: 백화점에서 무엇을 샀습니까?
B: 셔츠와 바지를 샀습니다.

今日(きょう) 오늘
東京(とうきょう) 교토(지명)
雨(あめ) 비
~が ~이(가)
降(ふ)る 내리다
デパート 백화점
何(なに) 무엇
買(か)う 사다
シャツ 셔츠
~と ~와(과)
ズボン 바지

UNIT 13 (5단동사)~に・み・びました

동사의 기본형 어미는 う단으로 끝나며, 기본형 어미의 형태가 く ぐ う つ ぬ ぶ む す인 경우는 무조건 5단동사로 그 중 어미의 형태가 ぬ む ぶ인 경우에 정중한 뜻을 나타내는 ます의 과거형 ました가 접속할 때도 어미가 い단(に み び)으로 변하여 '~했습니다'의 뜻으로 과거나 완료를 나타냅니다. 참고로 어미가 ぬ인 동사는 死ぬ (죽다) 하나밖에 없습니다.

□□□ 귀여운 개가 죽었습니다.

かわいい犬が死にました。

かわいい犬が死にました。

> 동사의 어미가 -ぬ인 경우는 -にました가 된다.

かわいい 귀엽다
犬(いぬ) 개
~が ~이(가)
死(し)ぬ 죽다

□□□ 매일 아침 신문을 읽었습니다.

毎朝、新聞を読みました。

毎朝、新聞を読みました。

> 동사의 어미가 -む인 경우는 -みました가 된다.

毎朝(まいあさ) 매일 아침
新聞(しんぶん) 신문
読(よ)む 읽다

□□□ 당신은 어제 술을 마셨습니까?

あなたはゆうべお酒を飲みましたか。

あなたはゆうべお酒を飲みましたか。

> 의문이나 질문을 할 때는 -ましたか로 표현한다.

あなた 당신
ゆうべ 어젯밤
お酒(さけ) 술
飲(の)む 마시다

□□□ 어제는 회사를 쉬었습니까?

きのうは会社を休みましたか。

きのうは会社を休みましたか。

きのう 어제
会社(かいしゃ) 회사
休(やす)む 쉬다

UNIT 13 ~했습니다 | 101

☐☐☐ 어머니가 아이를 불렀습니다.

お母さんが子供を呼びました。

お母さんが子供を呼びました。

> 동사의 어미가 -ぶ인 경우는 -びました가 된다.

お母(かあ)さん 어머니
子供(こども) 어린이
呼(よ)ぶ 부르다

☐☐☐ 새가 하늘을 날았습니다.

鳥が空を飛びました。

鳥が空を飛びました。

鳥(とり) 새
空(そら) 하늘
飛(と)ぶ 날다

A: ゆうべ、何を飲みましたか。

B: 友達と居酒屋でビールを飲みました。

A: きのう、会社を休みましたか。

B: はい、会社を休みました。

A: 어젯밤 무엇을 마셨습니까?
B: 친구와 이자카야에서 맥주를 마셨습니다.
A: 어제 회사를 쉬었습니까?
B: 네, 회사를 쉬었습니다.

ゆうべ 어젯밤
何(なに) 무엇
飲(の)む 마시다
友達(ともだち) 친구
居酒屋(いざかや) 선술집
~で ~에서
ビール 맥주
きのう 어제
会社(かいしゃ) 회사
休(やす)む 쉬다

UNIT 14 (1단동사)~ました

어미가 る인 1단동사(어미 る 바로 앞 음절이 い단이나 え단에 속한 것)에 ます의 과거형 ました가 접속할 때도 어미 る가 탈락되어 '~했습니다'의 뜻으로 과거나 완료를 나타냅니다. る 바로 앞 음절이 い단에 속한 1단동사로는 見る(보다), 起きる(일어나다) 등이 있으며, る 바로 앞 음절이 え단에 속한 1단동사로는 寝る(자다), 食べる(먹다) 등이 있습니다.

□□□ 오늘은 새 옷을 입었습니다.

今日は新しい洋服を着ました。

今日は新しい洋服を着ました。

> 1단동사에 -ました가 접속할 때는 어미 る가 탈락된다.
>
> 今日(きょう) 오늘
> 新(あたら)しい 새롭다
> 洋服(ようふく) (서양) 옷
> 着(き)る 입다

□□□ 당신은 몇 시에 일어났습니까?

あなたは何時に起きましたか。

あなたは何時に起きましたか。

> 의문이나 질문을 할 때는 -ましたか로 표현한다.
>
> 何時(なんじ) 몇 시
> ~に ~에(때)
> 起(お)きる 일어나다

□□□ 당신은 텔레비전 드라마를 보았습니까?

あなたはテレビのドラマを見ましたか。

あなたはテレビのドラマを見ましたか。

> テレビ 텔레비전
> ドラマ 드라마
> 見(み)る 보다

□□□ 당신은 밤늦게 잤습니까?

あなたは夜遅く寝ましたか。

あなたは夜遅く寝ましたか。

> 夜遅(よるおそ)く 밤늦게
> 寝(ね)る 자다

UNIT 14 ~했습니다 | 103

□□□ 아침에는 빵을 먹었습니다.

朝はパンを食べました。

朝はパンを食べました。

朝(あさ) 아침
パン 빵
食(た)べる 먹다

□□□ 그는 학교에서 영어를 가르쳤습니다.

彼は学校で英語を教えました。

彼は学校で英語を教えました。

彼(かれ) 그, 그이
学校(がっこう)で 학교에서
英語(えいご) 영어
教(おし)える 가르치다

A: 今朝は何時に起きましたか。

B: 6時に起きました。

A: 朝ご飯は食べましたか。

B: はい、味噌汁とご飯を食べました。

A: 오늘 아침은 몇 시에 일어났습니까?
B: 6시에 일어났습니다.
A: 아침밥은 먹었습니까?
B: 네, 된장국과 밥을 먹었습니다.

今朝(けさ) 오늘 아침
何時(なんじ)に 몇 시에
起(お)きる 일어나다
6時(ろくじ)に 6시에
朝ご飯(あさごはん) 아침밥
食(た)べる 먹다
味噌汁(みそしる) 된장국
~と ~와(과)
ご飯(はん) 밥

UNIT 15 (변격·예외동사)~ました

어미에 다른 활용어가 접속할 때 정격동사는 어간이 변하지 않지만, 변격동사인 くる(오다)와 する(하다)에 ます의 과거형인 ました가 접속할 때도 어미 る가 탈락되고 어간이 き し로 변하여 '왔습니다'와 '했습니다'의 뜻으로 과거를 나타냅니다. 조사 に는 존재하는 장소(~에)나 때(~에)를 나타낼 때도 쓰이지만 '~에(으로)'의 뜻으로 방향을 나타내기도 합니다.

□□□ 일본에서 기무라 씨가 왔습니다.

日本から木村さんが来ました。

日本から木村さんが来ました。

> 변격동사 くる(오다)는 어간이 변해 きました가 된다.

日本(にほん) 일본
木村(きむら) 기무라
~さん ~씨
来(く)る 오다

□□□ 어제 누가 왔습니까?

きのうだれが来ましたか。

きのうだれが来ましたか。

> 의문이나 질문을 할 때는 -ましたか로 표현한다.

あした 내일
だれ(誰)が 누가

□□□ 나는 매일 공부를 했습니다.

わたしは毎日勉強をしました。

わたしは毎日勉強をしました。

> 변격동사 する(하다)는 어간이 변해 しました가 된다.

わたし 나, 저
毎日(まいにち) 매일
勉強(べんきょう) 공부
する 하다

□□□ 오늘은 누구와 골프를 했습니까?

今日はだれとゴルフをしましたか。

今日はだれとゴルフをしましたか。

今日(きょう) 오늘
だれ(誰)と 누구와
ゴルフ 골프

UNIT 15 ~했습니다 | 105

□□□ 당신은 몇 시에 집에 돌아갔습니까?

あなたは何時に家に帰りましたか。

あなたは何時に家に帰りましたか。

예외동사 帰(かえ)る는 帰りました로 5단동사 활용을 한다.

何時(なんじ)に 몇 시에(시간)
家(いえ)に 집에(방향)
帰(かえ)る 돌아가다(오다)

□□□ 플랫폼으로 전철이 들어왔습니다.

プラットホームへ電車が入りました。

プラットホームへ電車が入りました。

예외동사 入(はい)る는 入りました로 5단동사 활용을 한다.

プラットホーム 플랫폼
～へ ~에, ~으로(진행 방향)
電車(でんしゃ) 전철
入(はい)る 들어오다(가다)

A: 木村さんはいつソウルへ来ましたか。

B: 先週の金曜日に来ました。

A: 木村さんは今もソウルにいますか。

B: いいえ、きのう東京へ帰りました。

A: 기무라 씨는 언제 서울에 왔습니까?
B: 지난주 금요일에 왔습니다.
A: 기무라 씨는 지금도 서울에 있습니까?
B: 아니오, 어제 도쿄에 돌아갔습니다.

いつ 언제
来(く)る 오다
先週(せんしゅう) 지난주
金曜日(きんようび) 금요일
今(いま)も 지금도
いる 있다(생물)
きのう 어제
帰(かえ)る 돌아가다(오다)

▌우리말 해석을 보고 빈칸에 알맞는 일본어를 써넣으세요.

01. 라디오 뉴스를 들었습니다.

　　ラジオのニュースを□□□□□。

02. 방 안에서 겉옷을 벗었습니까?

　　部屋の中で上着を□□□□□か。

03. 키보드를 쳤습니다.

　　キーボードを□□□□□。

04. 회사까지 버스를 탔습니다.

　　会社までバスに□□□□□。

05. 귀여운 개가 죽었습니다.

　　かわいい犬が□□□□□。

06. 어제는 회사를 쉬었습니까?

　　きのうは会社を□□□□□か。

07. 당신은 텔레비전 드라마를 보았습니까?

　　あなたはテレビのドラマを□□□□か。

08. 당신은 밤늦게 잤습니까?

　　あなたは夜遅く□□□□か。

09. 나는 매일 공부를 했습니다.

　　わたしは毎日勉強を□□□□。

10. 플랫폼으로 전철이 들어왔습니다.

　　プラットホームへ電車が□□□□□。

우리말 대화문을 보고 밑줄에 일본어를 넣어 대화를 완성해보세요.

A: きのう、_____
B: 京都と奈良へ行きました。

A: 어제 어디에 갔습니까?
B: 교토와 나라에 갔습니다.

A: デパートで_____
B: シャツとズボンを買いました。

A: 백화점에서 무엇을 샀습니까?
B: 셔츠와 바지를 샀습니다.

A: ゆうべ、_____
B: 友達と居酒屋でビールを飲みました。

A: 어젯밤 무엇을 마셨습니까?
B: 친구와 이자카야에서 맥주를 마셨습니다.

A: 朝ご飯は食べましたか。
B: はい、味噌汁と_____

A: 아침밥은 먹었습니까?
B: 네, 된장국과 밥을 먹었습니다.

A: 木村さんは_____
B: 先週の金曜日に来ました。

A: 기무라 씨는 언제 서울에 왔습니까?
B: 지난주 금요일에 왔습니다.

UNIT 16 (5단동사)~き・ぎ・しませんでした

기본형 어미의 형태가 く ぐ う つ ぬ ぶ む す인 경우는 무조건 5단동사로 어미가 く ぐ す인 5단동사에 ます의 부정형인 ません에 でした가 접속한 ませんでした가 접속할 때도 어미가 い단(き ぎ し)으로 변하며 '~하지 않았습니다'의 뜻으로 부정과거를 나타냅니다. 行く(가다), 書く(쓰다), 泳ぐ(헤엄치다), 脱ぐ(벗다), 話す(이야기하다), 出す(내다)

□□□ 라디오 뉴스를 듣지 않았습니다.

ラジオのニュースを聞きませんでした。

ラジオのニュースを聞きませんでした。

> 동사의 어미가 -く인 경우는 -きませんでした가 된다.
>
> ラジオ 라디오
> ニュース 뉴스
> 聞(き)く 듣다

□□□ 도서관에서 리포트를 쓰지 않았습니다.

図書館でレポートを書きませんでした。

図書館でレポートを書きませんでした。

> 図書館(としょかん) 도서관
> ~で ~에서(장소)
> レポート 리포트
> 書(か)く 쓰다

□□□ 여름에는 바다에서 헤엄치지 않았습니다.

夏は海で泳ぎませんでした。

夏は海で泳ぎませんでした。

> 동사의 어미가 -ぐ인 경우는 -ぎませんでした가 된다.
>
> 夏(なつ) 여름
> 海(うみ)で 바다에서
> 泳(およ)ぐ 헤엄치다

□□□ 겉옷을 벗지 않았습니까?

上着を脱ぎませんでしたか。

上着を脱ぎませんでしたか。

> 의문이나 질문을 할 때는 -ませんでしたか로 표현한다.
>
> 上着(うわぎ) 겉옷
> ~を ~을(를)
> 脱(ぬ)ぐ 벗다

□□□ 친구에게 그림엽서를 부치지 않았습니다.

友だちにえはがきを出しませんでした。

友だちにえはがきを出しませんでした。

> 동사의 어미가 -す인 경우는 -しませんでした가 된다.

友達(とも)だち 친구
~に ~에게(대상)
えはがき(絵葉書) 그림엽서
出(だ)す 내다, 부치다

□□□ 당신은 일본어로 말하지 않았습니까?

あなたは日本語で話しませんでしたか。

あなたは日本語で話しませんでしたか。

あなた 당신
日本語(にほんご)で 일본어로
話(はな)す 이야기하다

A: 地下鉄で公園へ行きましたか。

B: いいえ、地下鉄では公園へ行きませんでした。
バスで公園へ行きました。あなたは?

A: わたしはタクシーで行きました。

A: 지하철로 공원에 갔습니까?
B: 아니오, 지하철로는 공원에 가지 않았습니다.
　　버스로 공원에 갔습니다. 당신은요?
A: 저는 택시로 갔습니다.

地下鉄(ちかてつ) 지하철
公園(こうえん) 공원
行(い)く 가다
~では ~으로는
バス 버스
タクシー 택시

UNIT 17 (5단동사)~い・ち・りませんでした

기본형 어미의 형태가 く ぐ う つ ぬ ぶ む す인 경우는 무조건 5단동사입니다. 어미가 う つ る인 5단동사에 ます의 부정형인 ません에 でした가 접속한 ませんでした가 접속할 때도 어미가 い단(い ち り)으로 변하며 '~~하지 않았습니다'의 뜻으로 부정과거를 나타냅니다. 言う(말하다), 歌う(노래하다), 待つ(기다리다), 立つ(서다), ある(있다), 乗る(타다)

□□□ 일본어 노래를 부르지 않았습니다.

日本語の歌を歌いませんでした。

日本語の歌を歌いませんでした。

> 동사의 어미가 -う인 경우는 -いませんでした가 된다.
>
> 日本語(にほんご) 일본어
> 歌(うた) 노래
> ~を ~을(를)
> 歌(うた)う 노래하다

□□□ 백화점에서는 아무 것도 사지 않았습니까?

デパートでは何も買いませんでしたか。

デパートでは何も買いませんでしたか。

> 의문이나 질문을 할 때는 -ませんでしたか로 표현한다.
>
> デパート 백화점
> ~では 에서는
> 何(なに)も 아무 것도
> 買(か)う 사다

□□□ 키보드를 치지 않았습니다.

キーボードを打ちませんでした。

キーボードを打ちませんでした。

> 동사의 어미가 -つ인 경우는 -ちませんでした가 된다.
>
> キーボード 키보드
> 打(う)つ 치다

□□□ 나는 역전에서 기다리지 않았습니다.

わたしは駅前で待ちませんでした。

わたしは駅前で待ちませんでした。

> わたし 나, 저
> 駅前(えきまえ) 역전
> ~で ~에서(장소)
> 待(ま)つ 기다리다

UNIT 17 ~하지 않았습니다 | 111

☐☐☐ 책은 가방 속에 없었습니다.

本はかばんの中にありませんでした。

本はかばんの中にありませんでした。

동사의 어미가 -る인 경우는 -りませんでした가 된다.

本(ほん) 책
かばん 가방
中(なか) 안, 속
ある 있다

☐☐☐ 회사까지 버스를 타지 않았습니다.

会社までバスに乗りませんでした。

会社までバスに乗りませんでした。

会社(かいしゃ) 회사
~まで ~까지
バス 버스
~に乗(の)る ~을 타다

A: きのう、だれか会いましたか。
B: はい、山村さんに会いました。
A: 吉田さんも会いましたか。
B: いいえ、吉田さんは会いませんでした。

A: 어제 누군가 만났습니까?
B: 네, 야마무라 씨를 만났습니다.
A: 요시다 씨도 만났습니까?
B: 아니오, 요시다 씨는 만나지 않았습니다.

뭔가를 타다라도 할 때는 탈것에 조사 を를 쓰지 않고 に를 사용해서 ~に会う(~을 타다)로 표현한다.

きのう 어제
だれ(誰)か 누군가
会(あ)う 만나다
~さん ~씨

UNIT 18 (5단동사)~に・み・びませんでした

기본형 어미의 형태가 く ぐ う つ ぬ ぶ む す인 경우는 무조건 5단동사로 그 중 어미의 형태가 ぬ む ぶ인 경우에 정중한 뜻을 나타내는 ます의 부정형인 ません에 でした가 접속한 ませんでした가 접속할 때도 어미가 い단(に み び)으로 변하여 '~하지 않았습니다'의 뜻의 과거부정을 나타냅니다. 死ぬ(죽다), 読む(읽다), 飲む(마시다), 呼ぶ(부르다), 飛ぶ(날다)

□□□ 저 고목은 아직 죽지 않았습니다.

あの枯木はまだ死にませんでした。

あの枯木はまだ死にませんでした。

> 동사의 어미가 -ぬ인 경우는 -にませんでした가 된다.
>
> あの 저
> 枯木(こぼく) 고목
> まだ 아직
> 死(し)ぬ 죽다

□□□ 오늘 아침에는 신문을 읽지 않았습니다.

今朝は新聞を読みませんでした。

今朝は新聞を読みませんでした。

> 동사의 어미가 -む인 경우는 -みませんでした가 된다.
>
> 今朝(けさ) 오늘 아침
> 新聞(しんぶん) 신문
> ~を ~을(를)
> 読(よ)む 읽다

□□□ 당신은 술을 마시지 않았습니까?

あなたはお酒を飲みませんでしたか。

あなたはお酒を飲みませんでしたか。

> 의문이나 질문을 할 때는 -ませんでしたか로 표현한다.
>
> あなた 당신
> お酒(さけ) 술
> 飲(の)む 마시다

□□□ 어제 회사를 쉬지 않았습니까?

きのう会社を休みませんでしたか。

きのう会社を休みませんでしたか。

> きのう 어제
> 会社(かいしゃ) 회사
> 休(やす)む 쉬다

UNIT 18 ~하지 않았습니다 | 113

☐☐☐ 어머니는 아이와 놀지 않았습니다.

お母さんは子供と遊びませんでした。

お母さんは子供と遊びませんでした。

> 동사의 어미가 -ぶ인 경우는 -びませんでした가 된다.

お母(かあ)さん 어머니
子供(こども) 어린이
~と ~와(과)
遊(あそ)ぶ 놀다

☐☐☐ 저 새는 하늘을 날지 않았습니다.

あの鳥は空を飛びませんでした。

あの鳥は空を飛びませんでした。

鳥(とり) 새
空(そら) 하늘
飛(と)ぶ 날다

A: ゆうべ、お酒を飲みましたか。

B: いいえ、一杯も飲みませんでした。

A: では、コーヒーも飲みませんでしたか。

B: いいえ、友達とコーヒーを飲みました。

A: 어젯밤, 술을 마셨습니까?
B: 아니오, 한 잔도 마시지 않았습니다.
A: 그럼, 커피도 마시지 않았습니까?
B: 아니오, 친구와 커피를 마셨습니다.

ゆうべ 어젯밤
お酒(さけ) 술
飲(の)む 마시다
一杯(いっぱい)も 한 잔도
では 그럼
コーヒー 커피
友達(ともだち) 친구

UNIT 19 (1단동사)~ませんでした

어미가 る인 1단동사에 정중한 뜻을 나타내는 ます의 부정형인 ません에 でした가 접속한 ませんでした가 접속할 때도 어미 る가 탈락되어 '~하지 않았습니다'의 뜻으로 부정과거를 나타냅니다. る 바로 앞 음절이 い단에 속한 1단동사로는 いる(있다), 見る(보다), 起きる(일어나다), え단에 속한 1단동사로는 寝る(자다), 出る(나오다), 食べる(먹다) 등이 있습니다.

□□□ 오늘은 새 옷을 입지 않았습니다.

今日は新しい洋服を着ませんでした。

今日は新しい洋服を着ませんでした。

1단동사에 -ませんでした가 접속할 때는 어미 る가 탈락된다.

今日(きょう) 오늘
新(あたら)しい 새롭다
洋服(ようふく) (서양) 옷
着(き)る 입다

□□□ 당신은 아침 일찍 일어나지 않았습니까?

あなたは朝早く起きませんでしたか。

あなたは朝早く起きませんでしたか。

의문이나 질문을 할 때는 -ませんでしたか로 표현한다.

あなた 당신
朝早(あさはや)く 아침 일찍
起(お)きる 일어나다

□□□ 당신은 텔레비전 드라마를 보지 않았습니까?

あなたはテレビのドラマを見ませんでしたか。

あなたはテレビのドラマを見ませんでしたか。

テレビ 텔레비전
ドラマ 드라마
見(み)る 보다

□□□ 당신은 밤늦게까지 자지 않았습니까?

あなたは夜遅くまで寝ませんでしたか。

あなたは夜遅くまで寝ませんでしたか。

夜遅(よるおそ)く 밤늦게
~まで ~까지
寝(ね)る 자다

□□□ 아침에는 빵을 먹지 않았습니까?

朝はパンを食べませんでしたか。

朝はパンを食べませんでしたか。

朝(あさ) 아침
パン 빵
食(た)べる 먹다

□□□ 그는 학교에서 영어를 가르치지 않았습니다.

彼は学校で英語を教えませんでした。

彼は学校で英語を教えませんでした。

彼(かれ) 그, 그이
学校(がっこう)で 학교에서
英語(えいご) 영어
教(おし)える 가르치다

A: あなたは朝早く起きませんでしたか。

B: はい、朝 9時に起きました。

A: では、朝ご飯も食べませんでしたか。

B: はい、今朝は何も食べませんでした。

A: 당신은 아침 일찍 일어나지 않았습니까?
B: 네, 아침 9시에 일어났습니다.
A: 그럼, 아침밥도 먹지 않았습니까?
B: 네, 오늘 아침은 아무 것도 먹지 않았습니다.

あなた 당신
朝早(あさはや)く 아침 일찍
起(お)きる 일어나다
朝(あさ) 아침
9時(くじ) 9시
朝ご飯(あさごはん) 아침밥
食(た)べる 먹다
今朝(けさ) 오늘 아침
何(なに)も 아무것도

UNIT 20 (변격·예외동사)~ませんでした

변격동사인 くる(오다)와 する(하다)에 동사를 정중하게 나타내는 ます의 부정과거형인 ませんでした(~하지 않았습니다)가 접속할 때도 어미 る가 탈락되고 어간이 き し로 변하여 '오지 않았습니다'와 '하지 않았습니다'의 뜻을 나타냅니다. 예외동사 入る(들어가다), 帰る(오다) 등은 はいります(들어갑니다), かえります(돌아갑니다)처럼 5단활용을 하는 동사입니다.

□□□ 일본에서 기무라 씨는 오지 않았습니다.

日本から木村さんは来ませんでした。

日本から木村さんは来ませんでした。

> 변격동사 くる(오다)는 어간이 변해 きませんでした가 된다.
>
> 日本(にほん) 일본
> 木村(きむら) 기무라
> ~さん ~씨
> 来(く)る 오다

□□□ 오늘은 아무도 오지 않았습니까?

今日は誰も来ませんでしたか。

今日は誰も来ませんでしたか。

> 의문이나 질문을 할 때는 -ませんでしたか로 표현한다.
>
> 今日(きょう) 오늘
> 誰(だれ)も 아무도
> 来(く)る 오다

□□□ 나는 매일 공부를 하지 않았습니다.

わたしは毎日勉強をしませんでした。

わたしは毎日勉強をしませんでした。

> 변격동사 する(하다)는 어간이 변해 しませんでした가 된다.
>
> わたし 나, 저
> 毎日(まいにち) 매일
> 勉強(べんきょう) 공부
> する 하다

□□□ 오늘은 골프를 하지 않았습니까?

今日はゴルフをしませんでしたか。

今日はゴルフをしませんでしたか。

> 今日(きょう) 오늘
> ゴルフ 골프
> する 하다

□□□ 그는 오늘도 집에 오지 않았습니까?

彼は今日も家に帰りませんでしたか。

彼は今日も家に帰りませんでしたか。

예외동사 帰(かえ)る는 帰りませんでした로 5단동사 활용을 한다.

彼(かれ) 그, 그이
今日(きょう)も 오늘도
家(いえ) 집
~に ~에(방향)
帰(かえ)る 돌아가다(오다)

□□□ 나는 그 클럽에 들어가지 않았습니다.

わたしはあのクラブに入りませんでした。

わたしはあのクラブに入りませんでした。

예외동사 入(はい)る는 入りませんでした로 5단동사 활용을 한다.

わたし 나, 저
あの 그(서로 알고 있을 때)
クラブに 클럽에
入(はい)る 들어오다(가다)

A: 今日は、何時に帰りましたか。

B: 7時に帰りました。

A: では、運動もしませんでしたか。

B: はい、何もしませんでした。うちで休みました。

A: 오늘은 몇 시에 돌아갑니까?
B: 7시에 돌아갑니다.
A: 그럼, 운동도 하지 않았습니까?
B: 네, 아무 것도 하지 않았습니다.
집에서 쉬었습니다.

今日(きょう) 오늘
何時(なんじ) 몇 시
帰(かえ)る 돌아가다(오다)
7時(しちじ) 7시
では 그럼
運動(うんどう) 운동
する 하다
何(なに)も 아무것도
うちで 집에서
休(やす)む 쉬다

▌우리말 해석을 보고 빈칸에 알맞는 일본어를 써넣으세요.

01. 여름에는 바다에서 헤엄치지 않았습니다.
夏は海で□□□□□□□□。

02. 친구에게 그림엽서를 부치지 않았습니다.
友達に絵葉書を□□□□□□□□。

03. 나는 역전에서 기다리지 않았습니다.
わたしは駅前で□□□□□□□□。

04. 책은 가방 속에 없었습니다.
本はかばんの中に□□□□□□□□。

05. 오늘 아침에는 신문을 읽지 않았습니다.
今朝は新聞を□□□□□□□□。

06. 어제 회사를 쉬지 않았습니까?
きのう会社を□□□□□□□□か。

07. 오늘은 새 옷을 입지 않았습니다.
今日は新しい洋服を□□□□□□□。

08. 아침에는 빵을 먹지 않았습니까?
朝はパンを□□□□□□□□か。

09. 오늘은 아무도 오지 않았습니까?
今日は誰も□□□□□□□か。

10. 오늘은 골프를 하지 않았습니까?
今日はゴルフを□□□□□□か。

우리말 대화문을 보고 밑줄에 일본어를 넣어 대화를 완성해보세요.

A: 地下鉄で公園へ行きましたか。
B: いいえ、地下鉄では_____

A: 지하철로 공원에 갔습니까?
B: 아니오, 지하철로는 공원에 가지 않았습니다.

A: 吉田さんも会いましたか。
B: いいえ、_____

A: 요시다 씨도 만났습니까?
B: 아니오, 요시다 씨는 만나지 않았습니다.

A: ゆうべ、お酒を飲みましたか。
B: いいえ、_____

A: 어젯밤, 술을 마셨습니까?
B: 아니오, 한 잔도 마시지 않았습니다.

A: あなたは_____
B: はい、朝9時に起きました。

A: 당신은 아침 일찍 일어나지 않았습니까?
B: 네, 아침 9시에 일어났습니다.

A: では、運動もしませんでしたか。
B: はい、_____

A: 그럼, 운동도 하지 않았습니까?
B: 네, 아무 것도 하지 않았습니다. 집에서 쉬었습니다.

따라쓰기만 해도 혼자서 일본어를 할 수 있다!

PART 04

접속표현과 과거형

형용사 ~くて

형용동사 ~で

형용사 ~かった

형용동사 ~だった

동사의 ます형에

접속하는 표현

명사와 형용사, 형용동사의 접속 표현

1. 명사 ~で、 명사 ~です

で는 우리말의 '~이고, ~이며'에 해당하며, です의 중지형으로 성질이 다른 앞뒤의 문장을 나열해 주는 역할을 하기도 하고, 앞의 문장이 뒤의 문장의 원인이나 설명이 될 경우에도 쓰입니다.

기본형	의 미	접속형	의 미
学生(がくせい)だ	학생이다	学生で	학생이고(며)
先生(せんせい)だ	선생이다	先生で	선생이고(며)

2. 형용사 ~くて

~くて는 형용사에 접속조사 て가 이어진 형태로 형용사의 기본형 어미 い가 く로 바뀐 것입니다. 이 때 ~くて는 앞의 형용사를 뒤의 말과 연결하거나 나열, 원인, 이유를 나타내기도 합니다. 우리말 해석은 '~하고, ~하며, ~해서' 등으로 합니다.

기본형	의 미	접속형	의 미
高(たか)い	높다	高くて	높고, 높아서
大(おお)きい	크다	大きくて	크고, 커서
寒(さむ)い	춥다	寒くて	춥고, 추워서

형용사의 어미 い가 く로 바뀌어 뒤에 용언(활용어)이 이어지면 '~하게'의 뜻으로 부사적인 용법으로 쓰입니다.

3. 형용동사 ~で

で은 형용동사의 중지형으로 기본형 어미 だ가 で로 바뀐 형태입니다. で는 문장을 중지하거나 앞의 형용동사를 뒤의 문장과 연결할 때도 쓰이며, '~하고, ~하며, ~해서'의 뜻으로 나열, 원인, 이유, 설명을 나타냅니다.

기본형	의 미	접속형	의 미
静(しず)かだ	조용하다	静かで	조용하고, 조용해서
有名(ゆうめい)だ	유명하다	有名で	유명하고, 유명해서
好(す)きだ	좋아하다	好きで	좋아하고, 좋아해서

NOTE

형용사와 형용동사의 과거형

1. 형용사 과거형

형용사의 과거형은 기본형의 어미 い가 かっ으로 바뀌어 과거·완료를 나타내는 た가 접속된 かった의 형태를 취합니다.

기본형	의 미	과거형	의 미
高(たか)い	높다	高かった	높았다
大(おお)きい	크다	大きかった	컸다
寒(さむ)い	춥다	寒かった	추웠다
遠(とお)い	멀다	遠かった	멀었다

▶ **형용사 ~かったです**

형용사의 과거형을 정중하게 표현할 때는 과거형에 です를 접속하면 됩니다. 형용사의 기본형에 です의 과거형인 でした를 접속하여 ~いでした로 정중한 과거형을 표현하기 쉬우나 이것은 틀린 표현으로 기본형의 과거형에 です를 접속하여 ~かったです로 표현해야 합니다.

2. 형용동사의 과거형

형용동사의 과거형은 어미 だ를 だっ으로 바꾸고 과거·완료를 나타내는 た를 접속한 だった의 형태를 취합니다.

기본형	의 미	과거형	의 미
静(しず)かだ	조용하다	静かだった	조용했다
有名(ゆうめい)だ	유명하다	有名だった	유명했다
便利(べんり)だ	편리하다	便利だった	편리했다
好(す)きだ	좋아하다	好きだった	좋아했다

3. 명사 ~だった

정중한 단정을 나타내는 です의 과거형은 でした이지만, 형용동사의 과거형과 마찬가지로 보통체인 だ의 과거형은 だった입니다.

UNIT 01 (명사)~で、~です

では 단정을 나타내는 ~です의 중지형으로 두 개의 문장을 하나로 연결시켜 주는 역할을 합니다. 즉 では 성질이 다른 앞뒤 문장을 나열해 주는 역할을 하기도 하고, 앞의 문장이 뒤의 문장의 원인, 또는 설명이 될 때도 있습니다. 주로 ~で、~です 형태로 쓰이며 '~이고(이며), ~입니다'의 뜻을 나타냅니다. '、'는 쉼표인 ','와 동일하며 주로 세로쓰기에 표기합니다.

□□□ 이것은 라이터이고, 저것은 성냥입니다.

これはライターで、あれはマッチです。

これはライターで、あれはマッチです。

> では です의 중지형으로 문장을 중지하거나 열거한다.

- これ 이것
- ライター 라이터
- あれ 저것
- マッチ 성냥

□□□ 그것은 내 것이고, 저것은 당신 것입니다.

それはわたしので、あれはあなたのです。

それはわたしので、あれはあなたのです。

> 여기서 の는 명사 대용으로 쓰여 우리말 '것'의 용법이다.

- それ 그것
- わたし 나, 저
- あれ 저것
- あなた 당신

□□□ 저것은 김치이고, 이것은 단무지입니다.

あれはキムチで、これはたくわんです。

あれはキムチで、これはたくわんです。

- あれ 저것
- キムチ 김치
- これ 이것
- たくわん 단무지

□□□ 이것은 노트이고, 저것은 연필입니다.

これはノートで、あれは鉛筆です。

これはノートで、あれは鉛筆です。

- これ 이것
- ノート 노트, 공책
- あれ 저것
- 鉛筆(えんぴつ) 연필

UNIT 01 ~이고, ~입니다 | 125

□□□ 여기는 아파트이고, 저기는 맨션입니다.

ここはアパートで、あそこはマンションです。

ここはアパートで、あそこはマンションです。

장소를 나타내는 지시대명사
ここ 여기 / そこ 거기
あそこ 저기 / どこ 어디

アパート 아파트
マンション 맨션

□□□ 나는 한국인이고, 당신은 일본인입니다.

わたしは韓国人で、あなたは日本人です。

わたしは韓国人で、あなたは日本人です。

わたし 나, 저
韓国人(かんこくじん) 한국인
あなた 당신
日本人(にほんじん) 일본인

A: これはあなたの帽子ですか。

B: はい、わたしのです。

A: あれもあなたの帽子ですか。

B: あれは、山田さんので、わたしのではありません。

A: 이것은 당신 모자입니까?
B: 네, 제 것입니다.
A: 저것도 당신 모자입니까?
B: 저것은 야마다 씨 것으로
　　제 것이 아닙니다.

あなた 당신
帽子(ぼうし) 모자
わたし 나, 저
あれも 저것도

UNIT 02 (형용사)~くて、~いです

형용사의 경우 접속조사 て가 이어질 때는 어미 い가 く로 바뀌어 くて의 형태가 됩니다. 접속조사 て는 두 개의 문장을 하나로 연결시켜 주는 역할을 할 뿐만 아니라, 성질이 다른 앞뒤 문장을 나열해 주는 역할을 하기도 하고, 앞의 문장이 뒤의 문장의 원인, 또는 설명이 될 때도 있습니다. 주로 ~くて、~いです 형태로 쓰이며 '~하고(하며), ~합니다'의 뜻을 나타냅니다.

□□□ 이 방은 넓고, 저 방은 좁습니다.

この部屋は広くて、あの部屋は狭いです。

この部屋は広くて、あの部屋は狭いです。

> 형용사에 접속조사 て가 이어질 때는 -くて의 형태가 된다.

部屋(へや) 방
広(ひろ)い 넓다
狭(せま)い 좁다

□□□ 집은 역에서 가깝고, 회사는 멉니다.

家は駅から近くて、会社は遠いです。

家は駅から近くて、会社は遠いです。

> 형용사에 접속조사 て가 이어지면 '~해서, ~하고, ~하며'의 뜻이다.

家(いえ) 집
駅(えき) 역
近(ちか)い 가깝다
会社(かいしゃ) 회사
遠(とお)い 멀다

□□□ 그녀의 얼굴은 둥글고, 내 얼굴은 네모집니다.

彼女の顔は丸くて、ぼくの顔は四角いです。

彼女の顔は丸くて、ぼくの顔は四角いです。

彼女(かのじょ) 그녀
顔(かお) 얼굴
丸(まる)い 둥글다
ぼく 나
顔(かお) 얼굴
四角(しかく)い 네모지다

□□□ 바나나는 달고, 레몬은 십니다.

バナナは甘くて、レモンはすっぱいです。

バナナは甘くて、レモンはすっぱいです。

バナナ 바나나
甘(あま)い 달다
レモン 레몬
すっぱい 시다

UNIT 02 ~하고, ~합니다 | 127

□□□ 여름은 덥고, 가을은 시원합니다.

夏は暑くて、秋は涼しいです。

夏は暑くて、秋は涼しいです。

夏(なつ) 여름
暑(あつ)い 덥다
秋(あき) 가을
涼(すず)しい 시원하다

□□□ 이 소설은 재미있고, 무척 좋습니다.

この小説は面白くて、とてもいいです。

この小説は面白くて、とてもいいです。

小説(しょうせつ) 소설
面白(おもしろ)い 재미있다
とても 매우, 무척
いい 좋다

A: あのレストランはどうですか。

B: 広くて、店の人も親切です。

A: 味はどうですか。

B: 安くて、とてもおいしいです。

A: 저 레스토랑은 어때요?
B: 넓고, 가게 사람도 친절합니다.
A: 맛은 어떻습니까?
B: 싸고, 매우 맛있습니다.

レストラン 레스토랑
どう 어떻게
広(ひろ)い 넓다
店(みせ) 가게
人(ひと) 사람
親切(しんせつ)だ 친절하다
味(あじ) 맛
安(やす)い (값이) 싸다
とても 매우, 무척
おいしい 맛있다

UNIT 03 (형용동사)~で、~です

형용동사에 접속하는 で는 두 개의 문장을 하나로 연결시켜 주는 역할을 합니다. 즉, 접속조사 で는 성질이 다른 앞뒤 문장을 나열해 주는 역할을 하기도 하고, 앞의 문장이 뒤의 문장의 원인, 또는 설명이 될 때도 있습니다. 주로 ~で、~です 형태로 쓰이며 '~하고(하며), ~합니다'의 뜻을 나타내며, ~で、~も ~です는 '~하고, ~도 ~합니다'의 뜻으로 나열을 나타냅니다.

□□□ 다나카 씨는 친절하고, 가토 씨는 불친절합니다.

田中さんは親切で、加藤さんは不親切です。

田中さんは親切で、加藤さんは不親切です。

💬 で는 형용동사의 중지형으로 문장을 중지하거나 열거한다.

田中(たなか)さん 다나카 씨
親切(しんせつ)だ 친절하다
加藤(かとう)さん 가토 씨
不親切(ふしんせつ)だ 불친절하다

□□□ 이 옷은 화려하고, 저 옷은 수수합니다.

この服は派手で、あの服は地味です。

この服は派手で、あの服は地味です。

💬 형용사에 접속조사 で가 이어지면 '~해서, ~하고, ~하며'의 뜻이다.

服(ふく) 옷
派手(はで)だ 화려하다
地味(じみ)だ 수수하다

□□□ 큰 길은 안전하고, 뒷골목은 위험합니다.

大通りは安全で、裏通りは危険です。

大通りは安全で、裏通りは危険です。

大通(おおどお)り 큰 길
安全(あんぜん)だ 안전하다
裏通(うらどお)り 뒷골목
危険(きけん)だ 위험하다

□□□ 나카무라 씨는 성실하고, 요시무라 씨는 불성실합니다.

中村さんは真面目で、吉村さんは不真面目です。

中村さんは真面目で、吉村さんは不真面目です。

中村(なかむら)さん 나카무라 씨
真面目(まじめ)だ 성실하다
吉村(よしむら)さん 요시무라 씨
不真面目(ふまじめ)だ 불성실하다

□□□ 영어는 잘하고, 일본어는 아직 서툽니다.

英語は上手で、日本語はまだ下手です。

英語は上手で、日本語はまだ下手です。

英語(えいご) 영어
上手(じょうず)だ 능숙하다
日本語(にほんご) 일본어
まだ 아직
下手(へた)だ 서투르다

□□□ 여기는 교통도 편리하고, 조용한 곳입니다.

ここは交通も便利で、静かな所です。

ここは交通も便利で、静かな所です。

ここ 여기
交通(こうつう) 교통
便利(べんり)だ 편리하다
静(しず)かだ 조용하다
所(ところ) 곳, 장소

A: あのレストランはどうですか。

B: 親切で、味も雰囲気もいいです。

A: 交通は便利ですか。

B: はい、交通も便利で、静かです。

A: 저 레스토랑은 어때요?
B: 친절하고 맛도 분위기도 좋습니다.
A: 교통은 편합니까?
B: 네, 교통도 편하고 조용합니다.

レストラン 레스토랑
どう 어떻게
親切(しんせつ)だ 친절하다
味(あじ) 맛
~も ~도
雰囲気(ふんいき) 분위기
いい 좋다
交通(こうつう) 교통
便利(べんり)だ 편리하다
静(しず)かだ 조용하다

UNIT 04 (형용사)~かった

형용사의 과거형은 기본형의 어미 い가 かっ으로 바뀌어 과거나 완료를 나타내는 た가 접속된 かった의 형태를 취합니다. 형용사의 과거형을 정중하게 표현할 때는 과거형에 です를 접속하면 됩니다. 형용사의 기본형에 でした를 접속하여 ~いでした로 정중한 과거형을 표현하기 쉬우나, 반드시 과거형에 です를 접속하여 ~かったです로 표현해야 합니다.

□□□ 올 겨울은 추웠다.

今年の冬はとても寒かった。

今年の冬はとても寒かった。

> 형용사의 과거형은 어미 -い를 -かった으로 바꾼다.
>
> 今年(ことし) 올해, 금년
> 冬(ふゆ) 겨울
> とても 매우, 무척
> 寒(さむ)い 춥다

□□□ 옛날에 저 빌딩은 여기에서 가장 높았습니다.

昔、あのビルはここでいちばん高かったです。

昔、あのビルはここでいちばん高かったです。

> 형용사의 정중한 과거표현은 -いでした라고 하지 않는다.
>
> 昔(むかし) 옛날
> ビル 빌딩
> ここで 여기에서
> いちばん 제일, 가장
> 高(たか)い 높다

□□□ 택시는 무척 빨랐습니다.

タクシーはとても速かったです。

タクシーはとても速かったです。

> 정중하게 과거를 말할 때는 반드시 -かったです로 표현한다.
>
> タクシー 택시
> とても 매우, 무척
> 速(はや)い (속도가) 빠르다

□□□ 저 가방은 무거웠습니까?

あのかばんは重かったですか。

あのかばんは重かったですか。

> 의문이나 질문을 나타낼 때는 -かったですか로 표현한다.
>
> かばん 가방
> 重(おも)い 무겁다

□□□ 전에는 당신 회사는 집에서 멀었습니까?

前は、あなたの会社は家から**遠かった**ですか。

前は、あなたの会社は家から遠かったですか。

前(まえ)は 전에는
会社(かいしゃ) 회사
家(いえ) 집
~から ~에서(부터)
遠(とお)い 멀다

□□□ 저 선글라스 가격은 쌌습니까?

あのサングラスの値段は**安かった**ですか。

あのサングラスの値段は安かったですか。

연체사
この 이 / その 그 / あの 저
どの 어느

サングラス 선글라스
値段(ねだん) 가격, 값
安(やす)い (값이) 싸다

A: デパートで何(なに)を買(か)いましたか。

B: 新型(しんがた)のデジカメを買(か)いました。

A: 安(やす)かったですか。

B: いいえ、安(やす)くありませんでした。

A: 백화점에서 무엇을 샀습니까?
B: 신형 디지털카메라를 샀습니다.
A: 쌌습니까?
B: 아니오, 싸지 않았습니다.

デパート 백화점
何(なに) 무엇
買(か)う 사다
新型(しんがた) 신형
デジカメ 디지털카메라
安(やす)い (값이) 싸다

UNIT 05 (명사·형용동사)~だった

단정을 나타내는 だ와 형용동사의 과거형은 기본형의 어미 だ가 だっ으로 바뀌어 과거나 완료를 나타내는 た가 접속된 だった의 형태를 취합니다. 과거형을 정중하게 표현할 때는 과거형에 でした를 접속하면 됩니다. 또한 だった에 です를 접속하면 강조의 뜻을 나타내며, 이 경우에는 の나 음편인 ん을 넣어 ~だったのです나 ~だったんです로 표현합니다.

□□□ 어제는 내 생일이었다.

きのうはぼくの誕生日だった。

きのうはぼくの誕生日だった。

> 정중한 단정인 です의 보통체인 だ의 과거형은 だった이다.
>
> きのう 어제
> ぼく 나
> 誕生日(たんじょうび) 생일

□□□ 옛날에 이 빌딩은 병원이었습니다.

昔、このビルは病院だったのです。

昔、このビルは病院だったのです。

> だった에 の(ん)です를 접속하면 정중하게 강조하는 뜻이 된다.
>
> 昔(むかし) 옛날
> ビル 빌딩
> 病院(びょういん) 병원

□□□ 요시무라 씨, 어제는 쉬는 날이었습니까?

吉村さん、きのうは休みの日だったんですか。

吉村さん、きのうは休みの日だったんですか。

> 吉村(よしむら)さん 요시무라 씨
> きのう 어제
> 休(やす)みの日(ひ) 쉬는 날

□□□ 옛날에 여기는 교통이 불편했다.

昔、ここは交通が不便だった。

昔、ここは交通が不便だった。

> 형용동사의 보통체 과거형도 だった이다.
>
> 昔(むかし) 옛날
> ここ 여기
> 交通(こうつう) 교통
> 不便(ふべん)だ 불편하다

UNIT 05 ～이었다/～했다 | 133

□□□ 나카무라 선생님은 무척 친절했습니다.

中村先生はとても親切だったのです。

中村先生はとても親切だったのです。

中村(なかむら)さん 나카무라 씨
先生(せんせい) 선생(님)
とても 매우, 무척
親切(しんせつ)だ 친절하다

□□□ 은행까지의 교통은 편리했습니까?

銀行までの交通は便利だったんですか。

銀行までの交通は便利だったんですか。

회화에서 ~のです는 흔히 ~んです로 줄여서 말한다.

銀行(ぎんこう) 은행
~までの ~까지의
交通(こうつう) 교통
便利(べんり)だ 편리하다

A: その間、元気だったの。

B: うん、おかげで元気だったよ。

A: 新しい学校、きれいだった。

B: うん、とっても。

A: 그 동안 잘 지냈니?
B: 응, 덕분에 잘 지냈어.
A: 새 학교 깨끗했니?
B: 응, 무척.

문장 끝에 쓰여 감동이나 물음을 나타내는 の는 주로 여성들이나 아이들이 사용한다.

その間(かん) 그 동안
元気(げんき)だ 건강하다
うん 응(가벼운 대답)
おかげで 덕분에
新(あたら)しい 새롭다
学校(がっこう) 학교
きれいだ 깨끗하다
とっても 매우 *힘준 말

▌우리말 해석을 보고 빈칸에 알맞는 일본어를 써넣으세요.

01. 이것은 라이터이고, 저것은 성냥입니다.
    これはライター□、あれはマッチ□□。

02. 나는 한국인이고, 당신은 일본인입니다.
    わたしは韓国人□、あなたは日本人□□。

03. 이 방은 넓고, 저 방은 좁습니다.
    この部屋は広□□、あの部屋は狭い□□。

04. 여름은 덥고, 가을은 시원합니다.
    夏は暑□□、秋は涼しい□□。

05. 큰 길은 안전하고, 뒷골목은 위험합니다.
    大通りは安全□、裏通りは危険□□。

06. 영어는 잘하고, 일본어는 아직 서툽니다.
    英語は上手□、日本語はまだ下手□□。

07. 올 겨울은 추웠다.
    今年の冬はとても寒□□□。

08. 택시는 무척 빨랐습니다.
    タクシーはとても速□□□です。

09. 어제는 내 생일이었다.
    きのうはぼくの誕生日□□□。

10. 옛날에 여기는 교통이 불편했다.
    昔、ここは交通が不便□□□。

우리말 대화문을 보고 밑줄에 일본어를 넣어 대화를 완성해보세요.

A: あれもあなたの帽子ですか。

B: あれは、＿＿＿＿＿＿＿＿＿＿＿＿＿＿＿＿

A: 저것도 당신 모자입니까?
B: 저것은 야마다 씨 것으로 제 것이 아닙니다.

A: あのレストランはどうですか。

B: ＿＿＿＿＿＿＿＿＿＿＿＿＿＿＿＿

A: 저 레스토랑은 어때요?
B: 넓고, 가게 사람도 친절합니다.

A: 交通は便利ですか。

B: ＿＿＿＿＿＿＿＿＿＿＿＿＿＿＿＿

A: 교통은 편합니까?
B: 네, 교통도 편하고 조용합니다.

A: ＿＿＿＿＿＿＿＿＿＿＿＿＿＿＿＿

B: いいえ、安くありませんでした。

A: 쌌습니까?
B: 아니오, 싸지는 않았습니다.

A: その間、元気だったの。

B: うん、＿＿＿＿＿＿＿＿＿＿＿＿＿＿＿＿

A: 그 동안 잘 지냈니?
B: 응, 덕분에 잘 지냈어.

UNIT 06 (동사)~やすい

접미어 やすい는 동사의 ます가 접속하는 형태에 접속하여 '~하기 쉽다, ~하기 편하다'의 뜻으로 동작이나 작용이 쉽고, 저항이 없음을 나타냅니다. やすい는 ~やすいです(~하기 쉽습니다), ~やすくありません(~하기 쉽지 않습니다), ~やすくて(~하기 쉽고), ~やすかったです(~하기 쉬웠습니다) 등과 같이 형용사처럼 활용합니다.

□□□ 카레라이스는 간단하고 만들기 쉽다.

カレーライスは簡単で作りやすい。

カレーライスは簡単で作りやすい。

> 동사의 **ます**가 접속되는 형태에 **やすい**가 접속하면 '~하기 쉽다'는 뜻의 형용사가 된다.

カレーライス 카레라이스
簡単(かんたん)だ 간단하다
作(つく)る 만들다

□□□ 이 도구는 쓰기 편리합니다.

この道具は使いやすいです。

この道具は使いやすいです。

> **やすい**는 형용사형 접미어로 형용사와 동일하게 활용한다.

道具(どうぐ) 도구
使(つか)う 쓰다, 사용하다

□□□ 큰 화면으로 매우 보기 편합니다.

大画面でとても見やすいです。

大画面でとても見やすいです。

大画面(だいがめん) 큰 화면
とても 매우, 무척
見(み)る 보다

□□□ 글씨가 커서 읽기 쉽습니다.

字が大きくて読みやすいです。

字が大きくて読みやすいです。

字(じ) 글씨
大(おお)きい 크다
読(よ)む 읽다

□□□ 작은 글씨는 읽기 쉽지 않습니다.
小さい字は読みやすくありません。

小さい字は読みやすくありません。

小(ちい)さい 작다
字(じ) 글씨
読(よ)む 읽다

□□□ 그 고기는 무척 부드러워서 먹기 편했습니다.
あの肉はとても柔らかくて食べやすかったです。

あの肉はとても柔らかくて食べやすかったです。

肉(にく) 고기
柔(やわ)らかい 부드럽다
食(た)べる 먹다

A: このメモはだれのですか。

B: 吉村(よしむら)さんのです。

A: 読(よ)みやすくてきれいな字(じ)ですね。

B: ええ、彼(かれ)はボールペンの字(じ)がうまいです。

A: 이 메모는 누구 것입니까?
B: 요시무라 씨 것입니다.
A: 읽기 쉽고 예쁜 글씨이군요.
B: 예, 그는 볼펜 글씨를 잘 씁니다.

メモ 메모
誰(だれ) 누구
読(よ)む 읽다
きれいだ 예쁘다
字(じ) 글씨
彼(かれ) 그, 그이
ボールペン 볼펜
うまい 잘하다

UNIT 07 (동사)~にくい

접미어 にくい는 동사의 ます가 접속하는 형태에 접속하여 '~하기 어렵다, ~하기 힘들다'의 뜻으로 동작이나 작용이 어렵고, 저항이 있음을 나타냅니다. にくい는 ~にくいです(~하기 어렵습니다), ~にくくありません(~하기 어렵지 않습니다), ~にくくて(~하기 어렵고), ~にくかったです(~하기 어려웠습니다) 등과 같이 형용사처럼 활용합니다.

□□□ 질긴 고기는 먹기 힘들다.

堅い肉は食べにくい。

堅い肉は食べにくい。

> 동사의 ます가 접속되는 형태에 にくい가 접속하면 '~하기 어렵다, 힘들다'는 뜻의 형용사가 된다.

堅(かた)い 질기다
肉(にく) 고기
食(た)べる 먹다

□□□ 당신의 글씨는 읽기 힘들군요.

あなたの字は読みにくいですね。

あなたの字は読みにくいですね。

> にくい는 형용사형 접미어로 형용사와 동일하게 활용한다.

字(じ) 글씨
読(よ)む 읽다

□□□ 게는 먹기 힘듭니다.

かには食べにくいです。

かには食べにくいです。

かに 게
食(た)べる 먹다

□□□ 설날 신칸센 표는 구하기 힘듭니다.

お正月の新幹線の切符は取りにくいです。

お正月の新幹線の切符は取りにくいです。

お正月(しょうがつ) 설날
新幹線(しんかんせん) 신칸센 (고속열차)
切符(きっぷ) 표
取(と)る 구하다, 취하다

□□□ 이 약은 먹기 힘들지 않습니다.
この薬は飲みにくくありません。

この薬は飲みにくくありません。

薬(くすり) 약
飲(の)む 마시다

□□□ 질문이 어려워서 대답하기 힘들었습니다.
質問が難しくて答えにくかったです。

質問が難しくて答えにくかったです。

質問(しつもん) 질문
難(むずか)しい 어렵다
答(こた)える 대답하다

A: あなたのかばんはどれですか。
B: あの黒いのがわたしのかばんです。
A: あなたのかばんは重いですか。
B: はい、重くてなかなか持ちにくいです。

A: 당신 가방은 어느 것입니까?
B: 저 검정 것이 제 가방입니다.
A: 당신 가방은 무겁습니까?
B: 네, 무거워서 상당히 들기 힘듭니다.

かばん 가방
どれ 어느 것
黒(くろ)い 검다
重(おも)い 무겁다
なかなか 상당히, 꽤
持(も)つ 들다

UNIT 08 (동사)~に行く

ます가 접속하는 동사의 중지형에 방향을 나타내는 조사 に가 접속하면 행위나 동작의 목적을 나타냅니다. 주로 뒤에 이어지는 말은 이동을 나타내는 行く(가다), 来る(오다), 帰る(돌아가다/돌아오다), 入る(들어가다/ 들어오다) 등이 옵니다. 또한 동작성을 나타내는 명사 뒤에 映画に行く(영화를 보러 가다)처럼 に가 오면 마찬가지로 동작의 목적을 나타냅니다.

□□□ 공항에 친구를 마중하러 갑니다.

空港へ友達を迎えに行きます。

空港へ友達を迎えに行きます。

> 동사의 ます가 접속되는 형태에 ~に行く가 접속하면 '~하러 가다'의 뜻으로 동작의 목적을 나타낸다.

空港(くうこう) 공항
友達(ともだち) 친구
迎(むか)える 마중하다
行(い)く 가다

□□□ 오사카에는 무엇을 하러 갑니까?

大阪には何をしに行きますか。

大阪には何をしに行きますか。

大阪(おおさか) 오사카(지명)
何(なに) 무엇
する 하다
~に行(い)く ~하러 가다

□□□ 풀장에 수영하러 가지 않겠습니까?

プールへ泳ぎに行きませんか。

プールへ泳ぎに行きませんか。

プール 풀장
泳(およ)ぐ 헤엄치다
~に行(い)く ~하러 가다

□□□ 어제는 벌레를 잡으러 갔습니다.

きのうは虫を採りに行きました。

きのうは虫を採りに行きました。

きのう 어제
虫(むし) 벌레
採(と)る 잡다
~に行(い)く ~하러 가다

□□□ 백화점에 옷을 사러 갔습니다.

デパートへ洋服を買いに行きました。

デパートへ洋服を買いに行きました。

> デパート 백화점
> 洋服(ようふく) (서양)옷
> 買(か)う 사다
> ~に行(い)く ~하러 가다

□□□ 그녀는 공원에 놀러 갔습니까?

彼女は公園へ遊びに行きましたか。

彼女は公園へ遊びに行きましたか。

> 彼女(かのじょ) 그녀
> 公園(こうえん) 공원
> 遊(あそ)ぶ 놀다
> ~に行(い)く ~하러 가다

A: きのう、どこかへ行きましたか。
B: はい、公園へ遊びに行きました。
A: 今度、東京へ行きますか。
B: はい、親しい友達に会いに行きます。

A: 어제 어딘가에 갔습니까?
B: 네, 공원에 놀러 갔습니다.
A: 이번에 도쿄에 갑니까?
B: 네, 친한 친구를 만나러 갑니다.

> 누군가를 만나다라고 할 때는 그 상대에 を를 쓰지 않고 ~に会う로 표현한다.

> どこかへ 어딘가에
> 行(い)く 가다
> 公園(こうえん) 공원
> 遊(あそ)ぶ 놀다
> 今度(こんど) 이번
> 東京(とうきょう) 교토(지명)
> 親(した)しい 친하다
> 友達(ともだち) 친구
> 会(あ)う 만나다

UNIT 09 (동사)~に来る

ます가 접속하는 동사의 중지형에 ~に来る가 오면 '~하러 오다'의 뜻으로 행위나 동작의 목적을 나타냅니다. 이처럼 뒤에 이어지는 말은 이동을 나타내는 行く(가다), 帰る(돌아가다/돌아오다), 入る(들어가다/들어오다) 등이 옵니다. 또한 동작성을 나타내는 명사 뒤에 映画に来る(영화를 보러 오다)처럼 に가 오면 마찬가지로 동작의 목적을 나타냅니다.

□□□ 공원에 조깅하러 옵니다.

公園へジョギングを**しに来ます**。

公園へジョギングをしに来ます。

> 동사의 **ます**가 접속되는 형태에 ~**に来る**가 접속하면 '~하러 오다'의 뜻으로 동작의 목적을 나타낸다.

公園(こうえん) 공원
ジョギング 조깅
する 하다
来(く)る 오다

□□□ 친구는 가끔 나한테 놀러 옵니다.

友達はたまに私のところへ**遊びに来ます**。

友達はたまに私のところへ遊びに来ます。

友達(ともだち) 친구
たまに 가끔
私(わたし) 나, 저
ところ 곳
遊(あそ)ぶ 놀다
~に来(く)る ~하러 오다

□□□ 나는 일본에 공부를 하러 왔습니다.

わたしは日本へ勉強を**しに来ました**。

わたしは日本へ勉強をしに来ました。

日本(にほん) 일본
勉強(べんきょう) 공부
する 하다
~に来(く)る ~하러 오다

□□□ 나는 당신에게 사과를 하러 왔습니다.

わたしはあなたに**謝りに来ました**。

わたしはあなたに謝りに来ました。

あなた 당신
謝(あやま)る 사죄하다
~に来(く)る ~하러 오다

□□□ 방송국 사람이 취재하러 왔습니다.

放送局の人が取材しに来ました。

放送局の人が取材しに来ました。

放送局(ほうそうきょく) 방송국
人(ひと) 사람
取材(しゅざい)する 취재하다
~に来(く)る ~하러 오다

□□□ 기무라 씨는 한국에 누군가 만나러 왔습니까?

木村さんは韓国へ誰か会いに来ましたか。

木村さんは韓国へ誰か会いに来ましたか。

木村(きむら) 기무라
韓国(かんこく) 한국
誰(だれ)か 누군가
会(あ)う 만나다
~に来(く)る ~하러 오다

A: 吉村さんは韓国へ来ましたか。

B: はい、ゆうべソウルへ到着しました。

A: 何をしに来ましたか。

B: そうですね。だれか会いに来ました。

A: 요시무라 씨는 한국에 왔습니까?
B: 네, 어젯밤 서울에 도착했습니다.
A: 무엇을 하러 왔습니까?
B: 글쎄요. 누군가 만나러 왔습니다.

韓国(かんこく) 한국
来(く)る 오다
ゆうべ 어젯밤
ソウル 서울(지명)
到着(とうちゃく)する 도착하다
何(なに) 무엇
する 하다
だれ(誰)か 누군가
会(あ)う 만나다

UNIT 10 (동사)~ときは[まえに]

우리말에서는 '오다 + 때'가 '올 때'처럼 동사 뒤에 명사가 이어질 경우는 어미가 변하지만 일본어에서는 동사의 기본형 상태를 취합니다. 예를 들면 来る時(올 때), 食べる人(먹는 사람), 寝る前(자기 전)처럼 동사의 어미 형태가 변하지 않습니다. 또한 동사의 기본형은 그 자체로도 문장의 서술을 나타내기도 합니다. 동사의 기본형 뒤에 まえに가 이어지면 '~하기 전에'의 뜻이 됩니다.

□□□ 당신은 일본에 갈 때는 무엇을 합니까?

あなたは日本へ行く時は何をしますか。

あなたは日本へ行く時は何をしますか。

> 동사의 기본형은 그 상태로 뒤의 명사를 수식한다.

日本(にほん) 일본
行(い)く 가다
時(とき) 때
何(なに) 무엇
する 하다

□□□ 커피를 마실 때는 비스킷을 먹습니다.

コーヒーを飲む時はビスケットを食べます。

コーヒーを飲む時はビスケットを食べます。

コーヒー 커피
飲(の)む 마시다
時(とき)は 때는
ビスケット 비스킷
食(た)べる 먹다

□□□ 공부할 때는 음악을 듣지 않습니다.

勉強する時は音楽を聞きません。

勉強する時は音楽を聞きません。

勉強(べんきょう)する 공부하다
時(とき)は 때는
音楽(おんがく) 음악
聞(き)く 듣다

□□□ 나는 자기 전에 반드시 이를 닦습니다.

わたしは寝る前にかならず歯を磨きます。

わたしは寝る前にかならず歯を磨きます。

寝(ね)る 자다
前(まえ)に 전에
かならず 반드시
歯(は) 이
磨(みが)く 닦다

□□□ 나는 식사를 하기 전에 신문을 읽습니다.

わたしは食事を**する前に**新聞を読みます。

わたしは食事をする前に新聞を読みます。

食事(しょくじ) 식사
する 하다
前(まえ)**に** 전에
新聞(しんぶん) 신문
読(よ)**む** 읽다

□□□ 나는 밥을 먹기 전에 손을 씻습니다.

わたしはご飯を**食べる前に**手を洗います。

わたしはご飯を食べる前に手を洗います。

ご飯(はん) 밥
食(た)**べる** 먹다
前(まえ)**に** 전에
手(て) 손
洗(あら)**う** 씻다

A: ご飯を食べる前に手を洗いますか。

B: はい、必ず手を洗います。

A: ご飯を食べる時、テレビを見ますか。

B: いいえ、テレビは見ません。音楽を聞きます。

A: 밥을 먹기 전에 손을 씻습니까?
B: 네, 반드시 손을 씻습니다.
A: 밥을 먹을 때 텔레비전을 봅니까?
B: 아니오, 텔레비전은 보지 않습니다.
   음악을 듣습니다.

ご飯(はん) 밥
食(た)**べる** 먹다
前(まえ)**に** 전에
手(て) 손
洗(あら)**う** 씻다
必(かなら)**ず** 반드시
時(とき) 때
テレビ 텔레비전
見(み)**る** 보다
音楽(おんがく) 음악
聞(き)**く** 듣다

▎우리말 해석을 보고 빈칸에 알맞는 일본어를 써넣으세요.

01. 카레라이스는 간단하고 만들기 쉽다.

　　カレーライスは簡単で作り□□□。

02. 글씨가 커서 읽기 쉽습니다.

　　字が大きくて読み□□□□□。

03. 질긴 고기는 먹기 힘들다.

　　堅い肉は食べ□□□。

04. 당신의 글씨는 읽기 힘들군요.

　　あなたの字は読み□□□□□ね。

05. 공항에 친구를 마중하러 갑니다.

　　空港へ友達を迎え□□□□□。

06. 백화점에 옷을 사러 갔습니다.

　　デパートへ洋服を買い□□□□□□。

07. 공원에 조깅하러 옵니다.

　　公園へジョギングをし□□□□。

08. 기무라 씨는 한국에 누군가 만나러 왔습니까?

　　木村さんは韓国へ誰か会い□□□□□か。

09. 당신은 일본에 갈 때는 무엇을 합니까?

　　あなたは日本へ行く□□何をしますか。

10. 나는 자기 전에 반드시 이를 닦습니다.

　　わたしは寝る□□かならず歯を磨きます。

우리말 대화문을 보고 밑줄에 일본어를 넣어 대화를 완성해보세요.

A: _____ 字ですね。
B: ええ、彼はボールペンの字がうまいです。

    A: 읽기 쉽고 예쁜 글씨이군요.
    B: 예, 그는 볼펜 글씨를 잘 씁니다.

A: あなたのかばんは重いですか。
B: はい、_____

    A: 당신 가방은 무겁습니까?
    B: 네, 무거워서 상당히 들기 힘듭니다.

A: 今度、東京へ行きますか。
B: はい、_____

    A: 이번에 도쿄에 갑니까?
    B: 네, 친한 친구를 만나러 갑니다.

A: 何をしに来ましたか。
B: そうですね。_____

    A: 무엇을 하러 왔습니까?
    B: 글쎄요. 누군가 만나러 왔습니다.

A: ご飯を_____
B: はい、必ず手を洗います。

    A: 밥을 먹기 전에 손을 씻습니까?
    B: 네, 반드시 손을 씻습니다.